CONTENTS

PSICO-MARKETING	1
DERECHOS RESERVADOS	3
INTRODUCCIÓN	5
¿CUÁL ES EL PROPÓSITO DE TU VIDA?	6
PREVIAS	9
COMPRÉNDETE A TI MISMO	10
INSPIRA, Y LUEGO VENDE	14
¿CUÁL ES TU RAZÓN DE SER?	17
© EL CÍRCULO DEL SER	21
ESTRATEGIA DE COMUNICACIÓN	23
¿CÓMO DESCUBRIR LOS DESEOS?	34
©EL CÍRCULO DEL SER	44
DETONADORES ESPIRITUALES	49
DETONADORES INSTINTIVOS	56
1. Deseo de Dominación y Liderazgo	59
2. Deseo de Pertenencia	63
3. Deseo de Placer Sensorial	66

4. Deseo de Control y Organización	69
5. Deseo de Libertad y Descubrimiento	72
6. Deseo de Familia y Protección	76
7. Deseo de Aprendizaje	80
8. Deseo de Poder	84
9. Deseo de Altruismo Cooperativo	88
11. Deseo de Ser Escuchado	92
22. Deseo de Transcendencia	95
33. Deseo de Reconocimiento	98
DETONADORES EMOCIONALES	102
DETONADORES RACIONALES	116
PRECIO Y PROMOCIONES	124
RESUMEN	126
©El Círculo del Ser	
CONSONANCIA Y DISONANCIA INTRÍNSECA	128
MODELO MATEMÁTICO	131
Modelo de Valores	145
©EL CÍRCULO DEL SER Y LAS IDEAS FREUDIANAS	148
©EL CÍRCULO DEL SER Y LAS IDEAS POST-FREUDIANAS	151
©EL CÍRCULO DEL SER Y LAS IDEAS SCHOPENHAURIANAS	160
©EL CÍRCULO DEL SER Y LOS "MEMES" DE RICHARD DAWKINS	165

IDEAS	169
EL HUMANISMO LIBERAL	171
META-VALOR	177
MIEDOS	180
INSPIRA CON ARTE QUE TOCA EL ESPÍRITU	184
CUENTA HISTORIAS	192
CONCLUSIONES	196
POST SCRIPTUM	202
GLOSARIO	206
REFERENCIAS Y BIBLIOGRAFÍA RELACIONADA	215
BIBLIOGRAFÍA CON NOTAS DEL AUTOR	220
BIOGRAFÍA	234

PSICO-MARKETING

Inspira y Vencerás.

Juan Carlos Chávez

Dedicado a la fuerza que me mueve, mi familia.

A mis padres Carlos y María Eugenia, a mis hermanas Andrea y Mariana, a mi amor y cómplice Agneta y a mi hijo Ilión. También a mi abuela Ruth (que está leyendo desde arriba) y a mi abuela Coca.

DERECHOS RESERVADOS

Copyright © 2020, 2024 Juan Carlos Chávez

©PSICO-MARKETING
Inspira y vencerás.
2a Edición

© 2020, 2024, Juan Carlos Chávez

© 2020, 2024, Bio-Intelligence & Creativity Institute™
Av. 5 con Calle 42
Playa del Carmen
C.P. 77710, Quintana Roo, México Diseñado por © G8D

Portada por Juan Carlos Chávez y © G8D

Gráficos por Juan Carlos Chávez y © G8D

No se permite la reproducción total o parcial de este libro ni su incorporación a un sistema informático, ni su transmisión en cualquier formato o por cualquier medio, sea este electrónico, mecánico, por fotocopia, por grabación u otros métodos, sin el permiso previo y por escrito de los titulares del copyright. La infracción de los derechos mencionados puede ser constitutiva de delito contra la propiedad intelectual (Art. 229 y siguientes de la Ley Federal de Derechos de Autor y Arts. 424 y siguientes del Código Penal).
Si necesita fotocopiar o escanear algún fragmento de esta obra diríjase al CeMpro (Centro Mexicano de Protección y Fomento de los Derechos de Autor,

http://www.cempro.org.mx).

INTRODUCCIÓN

¿CUÁL ES EL PROPÓSITO DE TU VIDA?

Comencemos con una pregunta muy importante: ¿Cuál es el propósito de tu vida?

Si aún no lo sabes, espero que compartirte el mío te ayude a encontrarlo:

Despertar el poder de la empatía con información inteligente y plantar una semilla para un futuro compasivo, brillante y que inspire lo más profundo del ser.

Eso es lo que realmente mueve cada una de mis acciones y ha sido así desde que tengo memoria. No siempre he sido consciente de ello, pero en retrospectiva, explica muchas cosas.

Yo no lo elegí, pero eso es lo que me llena en todos los aspectos para seguir adelante con todo lo que la vida implica.

Encontrar una razón de ser y tenerla clara es algo muy poderoso que te ayuda a lograr lo que sea que te propongas más fácilmente porque te llena de energía en todos los niveles. Esa energía es oro puro porque también se transmite a otras personas e incluso dota a ideas, proyectos, obras artísticas, empresas y prácticamente cualquier cosa de una fuerza tan valiosa, que tiene el potencial de mover e inspirar en masa.

Así es como decidí comenzar a diseñar una nueva dimensión del Marketing que integra, como nunca antes, todos los niveles del ser humano: el ©***Psico-Marketing***.

Este método te permitirá decodificar tu propio *Ser* y también encontrar tu Propósito. Incluso he diseñado un modelo que te ayudará a entenderlo mucho más fácil.

Además, comprender mejor tu Ser te ayudará a vender, comprar, convertirte en un líder, encontrar tu propósito, dotar de energía a todo lo que hagas, ser más sano física y mentalmente, tener más *empatía* con todo lo que te rodea y, en pocas palabras: contribuir a un futuro mucho más compasivo, brillante y que inspire lo más profundo del ser.

¡Lo cual también me ayudará a cumplir lo que a mí me mueve!

Estos son solo algunos de los autores y pensadores

en las áreas de Psicología, Genética, Neurobiología, Física y Filosofía que he estudiado para fundamentar con *información inteligente* lo que vas a leer a continuación: Albert Einstein, Werner Heisenberg, Hugh Everett, Charles Darwin, Baruch Spinoza, Stephen W. Hawking, Erwin Schrödinger, Sean Carroll, John Gribbin, David Lindley, Eknath Easwaran, Brian Clement, Ed Catmull, Richard Dawkins, Siddhartha Mukherjee, Matt Ridley, Oliver Sacks, Antonio Damasio, Daniel Schacter, Richard Bandler, John Grinder, Arthur Schopenhauer, Padmasambhava, Joseph Campbell, Stephen A. Mitchell, Margaret J. Black, Sigmund Freud, Aristóteles, Yuval Noah Harari, Homero, Dalai Lama, Karl Polanyi, Noam Chomsky y más.

PREVIAS

CONSIDERACIONES

COMPRÉNDETE A TI MISMO

Si pretendes lograr cualquier objetivo en esta vida, entonces haz tu mejor esfuerzo por tratar de entenderla. Somos seres que constantemente buscamos fuentes de inspiración y razones para seguir adelante.

Arthur Schopenhauer llamaba "La Voluntad" a esa fuerza oculta que nos mueve a todos y nos hace actuar consciente e inconscientemente.

Esa misma fuerza, que bien puede ser tu enemiga o tu aliada, dependerá de qué tan bien la entiendes.

Actuar sin ver a nuestro alrededor, con un rango de visión pequeño, nos hace pequeños. ¡Levanta la mirada y date cuenta de lo increíble que es el horizonte!

El budismo llama "iluminación" a ese estado de consciencia en el que entendemos "quiénes somos", por qué actuamos como actuamos y cómo controlar nuestras emociones e impulsos. Suena simple, pero incluso para los monjes budistas más experimentados y que han dedicado toda su vida a esa misma búsqueda, la iluminación "total" es una promesa a la que, dicen, solo algunos cuantos han accedido.

Entonces, no pretendo decirle a nadie cómo llegar ahí, pero sí compartir esta idea fuerte y claro: mientras mejor comprendas tu origen, tus instintos, tus emociones, tus pensamientos y el contexto que te rodea, mucho más contundente serás para lograr todo lo que quieras. Ya sea vender, inspirar, llegar a la iluminación o conquistar el Mundo.

Vámonos 2 millones de años atrás, cuando la familia Homo comenzaba a rondar el planeta Tierra y a dar forma al ser humano como lo conocemos al día de hoy.

Su instinto y la fuerza inconsciente que lo movía tenía un porqué muy claro: supervivencia. Así es como fuimos evolucionando, forjando detonadores instintivos y emocionales, como el miedo y el hambre, que nos han permitido sobrevivir. Cuando un *Homo Erectus* se topaba con una palmera llena de dátiles, su cerebro le mandaba una señal que le decía: "come todos los que puedas, tan pronto como puedas, porque no sabemos cuándo vuelvas a encontrar más y necesitas esa energía".

Lo mismo sucede hoy en día en nuestro cerebro cuando vemos un alimento lleno de calorías, como por ejemplo, un delicioso pastel de chocolate. Irónicamente, el único problema es que ahora escuchar incondicionalmente a ese instinto nos puede matar.

A los 10 minutos de terminarnos el pastel de chocolate es muy probable que nuestro neocórtex (una de las partes del cerebro responsables del pensamiento avanzado) comience a cuestionarse:

¿Por qué pasa esto?

La respuesta es porque, después de 2 millones de años de evolución, nuestros instintos y emociones están fuera de contexto y muchos actúan ahora en nuestra contra. Esto implica que vivimos confundidos en este plano existencial: ¿debo escuchar a mi razón, a mis emociones, a mi instinto, a la parte de mí que me hace proteger la vida en todas sus expresiones o a ninguno?

Además, vivir es un trabajo duro, porque no puede pasar un día sin que tengamos que lidiar con esta confusión conforme nos alimentamos, hidratamos, somos productivos, protegemos lo que "tenemos", etc.

Es por esto que todos buscamos constantemente algo que nos regale una satisfacción. Pero hay niveles: si buscas una satisfacción inmediata que probablemente te hará daño, la encontrarás fácilmente; desafortunadamente esto es lo que ocurre la mayoría del tiempo con la mayor parte de la humanidad.

En cambio, si buscamos una satisfacción sustentable, comprendemos y controlamos nuestros instintos e inspiramos a lo más profundo de nuestro Ser, entonces, solo entonces, descubriremos algo que hará que todo valga la pena y podremos contagiar de ello a todos los que nos rodean.

Si vender placeres inmediatos puede ser redituable, imagínate lo que puede hacer "vender" una idea que inspira y regala una razón de ser.

¿Estás listo para inspirar?

INSPIRA, Y LUEGO VENDE

Como dijimos y como todos sabemos, la vida es dura, y por ello buscamos constantemente una chispa de inspiración que nos demuestre que todo vale la pena.

Inspirar es la "moneda" más valiosa que conoce el *Homo sapiens*. El ser humano ha logrado moverse en millones gracias a que ha logrado inspirar en masa. Esa, precisamente, es la gran diferencia entre el nuestra especie y otros animales, e incluso con las diferentes variantes del género, como el *Homo neandertal*, *Homo erectus*, *Homo floresiensis*, etc.

Personalmente, me provoca un gran asombro la "inteligencia" y capacidad perceptiva de los animales. Algunos de ellos logran "comprender" la empatía y la interconectividad del todo mucho mejor que los seres humanos. También, muchos de ellos son más fuertes físicamente y logran organizarse en masa.

¿Pero, entonces, qué nos hace la especie más poderosa del planeta?

El *Homo neandertal* tenía capacidad racional (IQ), era más fuerte físicamente, tenía herramientas y armas, y se lograba organizar en grupos (aunque no mayores a unas cuantas docenas). Sin embargo, el *Homo sapiens* fue capaz de mover masas con un líder en común. Uno de ellos imaginó una idea inspiradora, por ejemplo, con la promesa de más y mejores fuentes de alimento, resonando con miles y llevando al *Homo neandertal* a su extinción. Así comenzaron las civilizaciones humanas.

Ese es el poder de inspirar.

Al día de hoy, los grandes movimientos siempre tienen una idea inspiradora rectora. No podemos mover masas sin tocar las fibras instintivas, emocionales y/o espirituales más profundas. Entonces, ya sea en marketing o liderazgo, la "fuente de energía" más poderosa es una idea que inspira.

Probablemente, una metáfora muy atinada sería decir que tener una bandera que inspira detrás de cualquier proyecto humano es como agregar turbosina a su sistema de combustión interna. En Marketing, tratar de vender un producto "porque es mejor", por sus beneficios funcionales o por su precio es como usar carbón. En cambio, tratar de venderlo por lo que te hará sentir y los deseos instintivos, emocionales y/o espirituales que te va a solucionar es como usar turbosina.

De la misma forma, en liderazgo podemos buscar productividad y afiliación con incentivos económicos (carbón), o bien hacerlo a través de un ecosistema inteligente que busca que el equipo se sienta feliz y orgulloso de sí mismo y del lugar en el que trabaja (turbosina).

Pero yo no lo dejaría ahí. Inspirar no es como usar turbosina; es más bien como llevar a tu nave intergaláctica cerca de un hoyo negro con el fin de acelerarla a la velocidad de la luz, la máxima velocidad posible. Inspirar es tan poderoso a nivel individual y colectivo que, tal y como este ejemplo einsteiniano muestra, tiene un potencial infinito que nuestra mente aún no puede comenzar a comprender.

¿Y tú qué tipo de fuente de energía utilizas?

¿CUÁL ES TU RAZÓN DE SER?

Una canción que logra reflejar lo más profundo de la psique y el "alma" de su creador adquiere vida propia y se vuelve increíblemente poderosa. Lo mismo sucede con una empresa, proyecto, idea o cualquier otra pieza de comunicación.

Tener un "porqué" claro y bien definido dotará de sentido a cada paso y cada acción que tomemos. Esto es muy útil al buscar sentirnos plenos en la vida, pero también para vender y liderar equipos.

Un indiscutible ejemplo, ya mencionado y estudiado por muchos autores, es el caso de Steve Jobs y *Apple Inc.* Su razón de ser era tan clara que logró convertirse en una de las marcas con los seguidores más leales en el Planeta:

"Hacer una contribución al mundo desarrollando herramientas para la mente que generen un avance en la humanidad." - Misión de *Apple Inc.*, liderada por Steve Jobs en 1980.

Cada producto que lanzó Steve Jobs tenía este propósito tatuado en su ADN. El *iPod* e *iTunes* cambiaron el mundo de la música, la *iMac* cambió el mundo de las computadoras personales y el *iPhone* está cambiando el mundo de la mayoría de la humanidad actual.

Cuando alguien compra uno de estos productos, está dispuesto a pagar mucho más por las mismas funciones debido a la carga emocional, instintiva y espiritual que representa. Por ejemplo, nos hace sentir únicos, creativos, parte de un movimiento que está cambiando al Mundo y de un grupo exclusivo que tiene acceso a estas nuevas tecnologías, etc.

Un "porqué" poderoso conecta con nuestros *detonadores emocionales, instintivos y espirituales* de forma muy directa y contundente, pero a la vez inconsciente. Es importante aclarar que es imposible falsificar un "porqué". Tal como el ejemplo de la canción que he dado al principio: si algo no refleja el espíritu real de sus creadores, entonces nadie lo va a creer y no va a hacer sentir nada a nadie. El ser humano es muy perceptivo para estas cosas.

Reflexiona, ejercita tu músculo creativo, explora lo más profundo de ti e identifica esa gran razón de ser que hay detrás de tu vida o proyecto. No solo hará tu camino mucho más interesante y divertido, también te facilitará muchísimo vender, hacer equipo o cumplir cualquiera de tus objetivos.

© EL CÍRCULO DEL SER

TU PLAN A SEGUIR EN ©PSICO-MARKETING SE LLAMA: ESTRATEGIA DE COMUNICACIÓN

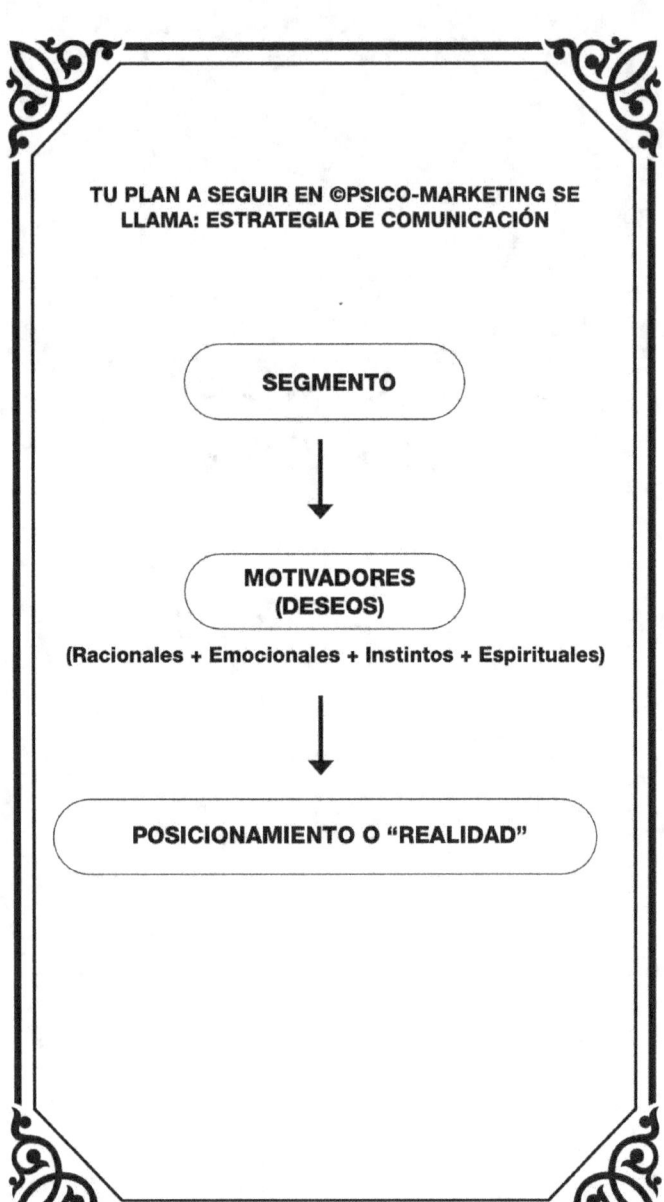

ESTRATEGIA DE COMUNICACIÓN

Tu plan a seguir en ©Psico-Marketing se llama: **Estrategia de Comunicación.**

A continuación, resumo las variables importantes de una Estrategia de Comunicación inteligente con los siguientes pasos:

Paso Cero: Inteligencia Comercial

Y lo llamo paso cero porque es la clave para tomar decisiones mucho mejores en los pasos siguientes.

No por nada se dice que la información es el *"commodity"* más valioso en el planeta Tierra. Un *"commodity"* es un bien o servicio que se puede comprar o vender. Antes, eran las tierras; después, el petróleo; ahora, es la información. Justo, muchas de las empresas más poderosas del mundo se dedican a recopilar datos con ayuda de la tecnología. Así lo hacen *Google, Facebook, Amazon*, etc. Los responsables detrás de todas ellas entienden el valor de la información.

Para recopilar información podemos considerar

tres diferentes canales:

Investigación de Escritorio

Todo lo que se pueda encontrar en fuentes públicas: internet, libros, hemerotecas, bibliotecas, videos, etc. En el siglo XXI, son infinitas las fuentes a las que podemos recurrir en este sentido.

Investigación Cuantitativa

Su forma más común son las encuestas. Requiere de un volumen que signifique una muestra representativa del grupo meta que queremos evaluar. Las preguntas deben ser muy claras, evitar sesgos y con respuestas fácilmente computables, es decir, "sí", "no", "a, b, c, d...", "1 al 10", etc. Aplicar encuestas en negocios, grupos o proyectos que ya cuenten con una base activa es muy enriquecedor y siempre implica encontrar respuestas mucho más certeras.

Investigación Cualitativa

En este modelo, el canal más eficiente son los *Focus Groups* o entrevistas uno a uno. Precisamente su nombre viene de "cualidad o calidad".

¿Alguna vez te has preguntado qué es lo que hace de "mejor calidad" cualquier cosa? La respuesta es su atención al detalle. Entonces, en este tipo de investigación lo importante es descubrir los detalles al máximo posible, por eso es importante que se obtengan cara a cara.

En los Focus Groups normalmente hay entre 8 y 12 participantes representativos del grupo meta. Un moderador dirige la operación y debe comprender muy bien la información que queremos averiguar, así como llevar al grupo de la mejor manera hacia este objetivo.

Se llevan a cabo comúnmente en una cámara de Gesell, un cuarto acondicionado con un espejo unidireccional para poder ver a los participantes del otro lado. También se pueden llevar a cabo en un cuarto común y corriente. Lo importante es que el grupo se sienta en confianza y el moderador logre obtener las respuestas más honestas posibles. Es realmente increíble todo lo que puedes averiguar con este tipo de estudios. ¡Siempre sorprenden! Es ampliamente recomendable realizarlos constantemente.

Paso Uno: Define tu Segmento

Antes de decir cualquier cosa, tienes que saber a quién le estás hablando. Suena lógico, pero es muy común no tener claro quién es el *Segmento Objetivo*. Esto sucede porque definirlo requiere de un análisis minucioso y un proceso reflexivo para identificar quiénes, dentro de la población, son los más probables de estar interesados en lo que estamos ofreciendo.

Probabilidad es la palabra clave. Cuando hacemos una apuesta, lo que buscamos es optar por el lado más probable, ¿correcto? Por ejemplo, si el grupo de "mujeres de 25 años" tiene más probabilidad de comprar lo que ofrecemos que el grupo de "mujeres de 50 años", ¿a quién deberíamos elegir?

Otra vez, suena muy lógico, pero lo que la mayoría hace es elegir ambos grupos para "no dejar a nadie fuera". Si no eliges al grupo más probable, entonces estás perdiendo eficacia. Cada dólar y cada minuto invertido será menos probable que genere retorno. Es así de sencillo.

Entonces, va de nuevo. Aunque tanto mujeres de 25 años como de 50 años puedan querer o comprar lo que ofrecemos, la pregunta importante es: ¿cuál de las dos es más probable que lo haga? Así, nuestra "apuesta" será mucho más rentable.

Si ya cuentas con una base de clientes activos, entonces identificar esa probabilidad es muy fácil. De 100 clientes, ¿cuántos tienen de 20 a 30 años y cuántos de 40 a 50 años? Sea cual sea la mayoría, ese deberá ser tu Segmento Objetivo principal.

Ahora, este ejercicio identifica la variable "edad"; debemos hacer lo mismo con todas las variables demográficas y psicográficas.

Comencemos con las variables demográficas: Edad, Sexo, Clase Socioeconómica y Región.

Edad

Un rango de 15 años es razonable, no más. No es lo mismo lo que quiere, ni los canales que usa, ni cómo debes hablarle a alguien de 25 años que a alguien de 50 años. Ejemplo de rango de edad: 15 a 30 años.

Sexo

Con el sexo de las personas sucede lo mismo, no necesariamente es lo mismo lo que quiere, qué medios de comunicación usa, o qué mensaje conecta con una mujer que con un hombre. Si la probabilidad es muy similar entre hombres y mujeres, entonces mantenemos ambos sexos; de lo contrario, es recomendable elegir uno.

Clase Socioeconómica

Hay diferentes propuestas de clasificación socioeconómica. En México, una de las más aceptadas es la del INEGI. Lo más sencillo es definirlo por el rango de ingresos familiares en la moneda local, por ejemplo, "familias que ingresan entre $15,000 y $100,000 pesos al mes". Identifica el grupo más probable que desee tu oferta.

Región

Aquí hay que prestar mucha atención, ya que podemos caer en una trampa. Una cosa es dónde viven y otra es dónde están. Entonces, no solo es suficiente definir un área, ciudad o país, sino también determinar si son personas que están de visita, que viven ahí, o ambas.

Y seguimos con las variables psicográficas.

Utilizo una metáfora comparando este proceso de búsqueda del Segmento Objetivo "ideal" con una cita romántica.

Es curioso, pero siempre que pregunto en mis conferencias y clases: "¿qué es lo primero que querrías saber para decidir salir con alguien?", lo primero que deberías querer saber es el sexo de esa persona, pero esa respuesta no siempre viene primero porque tendemos a ignorar lo evidente. Pero en una Estrategia de Comunicación bien estructurada, nunca debemos pasar por alto lo "obvio".

Después del sexo, querríamos saber su edad, dónde vive y, aunque no todos lo mencionen, si tiene o no dinero. Hasta aquí conocemos las variables demográficas de nuestra posible cita. ¿Pero es esta información suficiente para decidir si quiero salir con esa persona? Claro que no, todavía nos faltan las variables psicográficas: sus gustos, opiniones, hábitos, preferencias, etc. Por lo tanto, no debemos omitir estas variables al definir un Segmento Objetivo. Es crucial conocer al máximo a tu Segmento a nivel psicológico para poder conectarte y comunicarte mejor con él.

Ejemplos de variables psicográficas (las cuales son infinitas) pueden ser: "les gustan los animales", "les interesa la nutrición", "se ejercitan diariamente", etc.

Ahora, ¿hasta dónde ajustar los rangos por cada variable y cuántas personas debe tener mi Segmento? Depende del contexto y del tamaño de tus objetivos; no hay una regla fija. Sin embargo, una recomendación general útil que hemos probado en nuestra agencia para universos digitales es mantener el tamaño del Segmento entre 100,000 y 3,000,000 de personas. Así no pierdes poder de alcance ni frecuencia.

Cada proyecto tendrá su configuración "ideal". En producción musical, cada control y perilla en las mezcladoras de los estudios de grabación debe tener su propia posición para acercarse lo más posible al sonido "ideal". Con la segmentación, igualmente debes probar y definir cada variable basándote en la probabilidad de compra de cada proyecto. Y una vez que encuentres una buena combinación, estar consciente de que cambia con el tiempo y necesita actualizaciones constantes. Todo cambia, todo el tiempo, y si no te adaptas a esos cambios, entonces te quedarás atrás.

Así es como se vería un posible Segmento Objetivo para un ejemplo imaginario con un salón de belleza moderno:

DEMOGRÁFICOS:

- Mujeres
- Entre 25 y 40 años
- Que viven en un radio de 5 km del local
- Que ingresan entre 20,000 y 100,000 pesos por familia

PSICOGRÁFICOS:

Son mamás y mujeres empoderadas e independientes que disfrutan de sus hijos pero también de su carrera profesional. Son sumamente activas y con una agenda complicada. Valoran mucho su tiempo a solas, su apariencia y pasar tiempo con sus amigas.

Con estos datos, entonces, podrás saber a quién le estás hablando y podrás comenzar a definir todo lo demás.

Paso Dos: Descubre los Motivadores

Comprende qué quiere tu Segmento, cuáles son sus deseos en todos los niveles de su Ser e identifica cuáles puedes satisfacer tú con base en tus fortalezas. **Es mucho más poderoso ofrecer soluciones a deseos que ofrecer o vender productos y servicios.**

Esta es la pieza clave del rompecabezas. Aquí podemos llevar nuestros esfuerzos de comunicación al siguiente nivel, lo que requiere comprender al máximo posible la mente y el Ser del humano.

Para alcanzar este entendimiento es necesario utilizar todas las ciencias y humanidades que conocemos hoy. Cuanto más sepamos sobre Psicología, Sociología, Física, Matemáticas, Biología, etc., mejor comprenderemos lo que busca, quiere y necesita (consciente o inconscientemente) una persona o un grupo de personas.

Por esto, he dedicado esfuerzos a entender mejor y diseñar un modelo fácil de visualizar sobre el Ser y las fuerzas que nos mueven. Lo llamo ©*El*

Círculo del Ser y nos servirá como herramienta para identificar los deseos espirituales, instintivos, emocionales y racionales de los seres humanos con quienes intentamos conectar. Lo revisaremos a detalle más adelante.

Es imperativo mencionar que saber utilizar el ©*Psico-Marketing* es un arma de doble filo. Por ello, considerar su nivel más profundo, el espiritual, es crucial. Todo lo que hagamos por el bien del *Todo* repercutirá en nuestro propio bien y viceversa.

Paso Tres: Define tu Posicionamiento

Avanzando unos años luz y asumiendo que ya tenemos identificados los motivadores y deseos de nuestro grupo objetivo, podremos definir una frase corta y contundente que comunique quiénes somos y qué ofrecemos. Luego, repetiremos este mensaje con creatividad, millones de veces, a las personas correctas, hasta que se integre en el mundo intersubjetivo de las percepciones y se convierta en realidad.

El *Posicionamiento* también se puede ver como la respuesta a: ¿Quién soy y qué puedo ofrecer? Ya seas una persona, una marca o una organización. Por ejemplo, *Volvo* desea ser conocido como "los coches más seguros del mundo". Con este mensaje han logrado implantar esa idea en la percepción de millones de personas. ¿El resultado? *Volvo* se ha convertido en la marca que hace sentir a la gente más segura, materializando así su Posicionamiento.

Sin un Posicionamiento claro, no sabrás cómo quieres ser reconocido. Así nunca crearás percepciones ni realidades. En aras de cumplir tus objetivos, cómo te perciben debería estar alineado con lo que las personas desean y con lo que tú puedes ofrecer mejor que nadie.

Concluyo esta sección con una reflexión: para este cuerpo limitado por algunos sentidos, ¿no son acaso nuestras percepciones lo que consideramos nuestra "realidad"? Nuestras percepciones son lo más cercano a la "realidad" que podemos estar. Entonces, si pintamos un lienzo en blanco con percepciones compartidas, estaremos creando nuevos mundos y "realidades".

¿Y tú, de qué color y forma quieres ser?

¿CÓMO DESCUBRIR LOS DESEOS?

Comprende el Ser

Para descubrir los deseos y necesidades de una persona o un grupo de personas, debemos entender lo que conforma al *"Ser"* del ser humano.

Siguiendo un principio de anidamiento, en orden evolutivo y con base en el modelo ©*Psico-Marketing*, diferenciamos cuatro niveles o dimensiones.

En principio, y con respecto a lo más pequeño, encontramos elementos más pequeños que los mismos átomos. Según Erwin Schrödinger (2019), uno de los más famosos científicos de la mecánica cuántica, las partículas subatómicas que componen a los seres vivientes parecen comportarse de manera diferente a aquellas que componen los cuerpos inertes. Sugiere que buscan mantener un orden, *resistir y prevalecer* en un esfuerzo que llama *entropía negativa*, que atiende a la lucha contra la expansión y enfriamiento de la existencia que comenzó con el teorizado *Big Bang*. Así lo explica en su famoso libro *¿Qué es la Vida?*

Esto es especialmente relevante porque nos habla de una constante que nos une con todas las expresiones vitales. Es decir, se trata de una lucha en común de la vida por la vida.

Fascinantemente, podemos encontrar este fenómeno manifiesto en el comportamiento. La fuerza que ha provocado los más grandes movimientos humanos es aquella que defiende a la vida en gran escala: un mejor Planeta, una mejor humanidad, un mejor país, evolución, etc.

Esta fuerza que nos mueve a proteger el *Todo* corresponde a la *Dimensión Espiritual* en nuestro modelo.

Tras el *Big Bang*, el tiempo continuó su curso y esas partículas subatómicas se unieron en equipo para formar átomos que crearon moléculas y que construyeron algo muy especial: genes.

Fue entonces, hace más de tres mil millones de años en el planeta Tierra, que surgió LUCA (Last Universal Common Ancestor), la primera molécula capaz de replicarse a sí misma, dando pie al inicio de la vida. Ni más ni menos que nuestro ancestro común más vetusto.

Estas moléculas, compuestas por material genético (purinas y piramidinas - las famosas A,C,T,G), comenzaron a ser muy abundantes y también a presentar "errores de copiado". Dichos errores, conocidos como *mutaciones*, significaron una ventaja o desventaja de reproducción y supervivencia, y por ende, solo aquellas con nuevas ventajas prevalecieron. Este proceso, llamado *selección natural*, dio forma y escribió el código genético de los seres vivientes hasta nuestros días, desde organismos unicelulares simples hasta el mismo ser humano.

Es importante recalcar que las mencionadas ventajas no solo significan variantes en la fisiología (apariencia) de los organismos, sino también en sus tendencias de comportamiento. En otras palabras, los genes regulan fuertemente nuestra conducta.

Esta fuerza que nos mueve a proteger la reproducción y supervivencia genética corresponde a la *Dimensión Instintiva* en nuestro modelo.

¿Pero cómo logran los genes influir de esta forma en nosotros? En resumen, a través de las *emociones* y los *sentimientos*.

Desde un punto de vista neurobiológico, las

emociones propiamente dichas corresponden a reacciones químicas que desencadenan estados corporales. Son detonadas por *estímulos emocionalmente competentes* (EEC) que pueden originarse tanto fuera del cuerpo como dentro de él. Por otro lado, los *sentimientos* surgen, solo en organismos con mente, cuando adquieren consciencia de dichos estados corporales o emociones (Damasio,2019).

Tanto sentimientos como emociones representan un complejo sistema de recompensas que influyen contundentemente en nuestras decisiones y comportamientos.

Son herramientas utilizadas por la *Dimensión Espiritual* y la *Dimensión Instintiva* para influir en nuestras acciones, aunque muchas veces "se independizan" y buscan placer por placer, en un ejercicio autodestructivo muy común que lleva al hedonismo. Representan una fuente de energía muy poderosa que podemos canalizar para bien o para mal.

Esta fuerza que nos mueve a obtener emociones y sentimientos positivos tras la liberación de diversos neurotransmisores, corresponde a la *Dimensión Emocional* en nuestro modelo.

Finalmente, encontramos un activo muy útil

del proceso evolutivo. Se tornó necesario diseñar un instrumento que permitiera al organismo tomar decisiones rápidas (distintas a aquellas programadas instintivamente) frente al exponencial incremento de la competencia por los recursos y un contexto cambiante.

Fue entonces que surgió la consciencia y con ella, organismos con mente capaces de procesar y retener pensamientos basados en las representaciones mentales de su entorno y capaces de encontrar sentido lógico para tomar decisiones actualizadas.

Esta fuerza que nos mueve a buscar sentido lógico corresponde a la *Dimensión Racional* en nuestro modelo.

Hasta aquí hemos expuesto el origen de las *cuatro fuerzas* en el ©*Psico-Marketing*, que corresponden a objetivos y etapas evolutivas distintas e influyen directamente en nuestros deseos y comportamientos.

Solo con una visión amplia que contemple la complejidad del *Ser* podremos comprender nuestros deseos y comportamientos. Por esta razón, podemos concluir que la venta de cualquier producto o servicio está íntimamente ligada a satisfacer los deseos espirituales, instintivos, emocionales y racionales de las personas.

Termino con una idea muy poderosa: siguiendo con la cronología evolutiva, encontramos un nivel más, la *Dimensión Creativa*. Esta representa nuestra capacidad de ser conscientes de la consciencia y de crear nuevos y mejores pensamientos a partir de previos pensamientos lógicos y homeostáticos (sentimientos). Es el ápice de la evolución que culmina en la entrega del timón al ser viviente. Ahora tenemos la dicha de contar con la facultad de crear ideas, que a su vez generan deseos, que provocan acciones, ¡y que a su vez construyen mundos!

Con la creatividad, el límite lo ponemos nosotros.

@EL CÍRCULO DEL SER

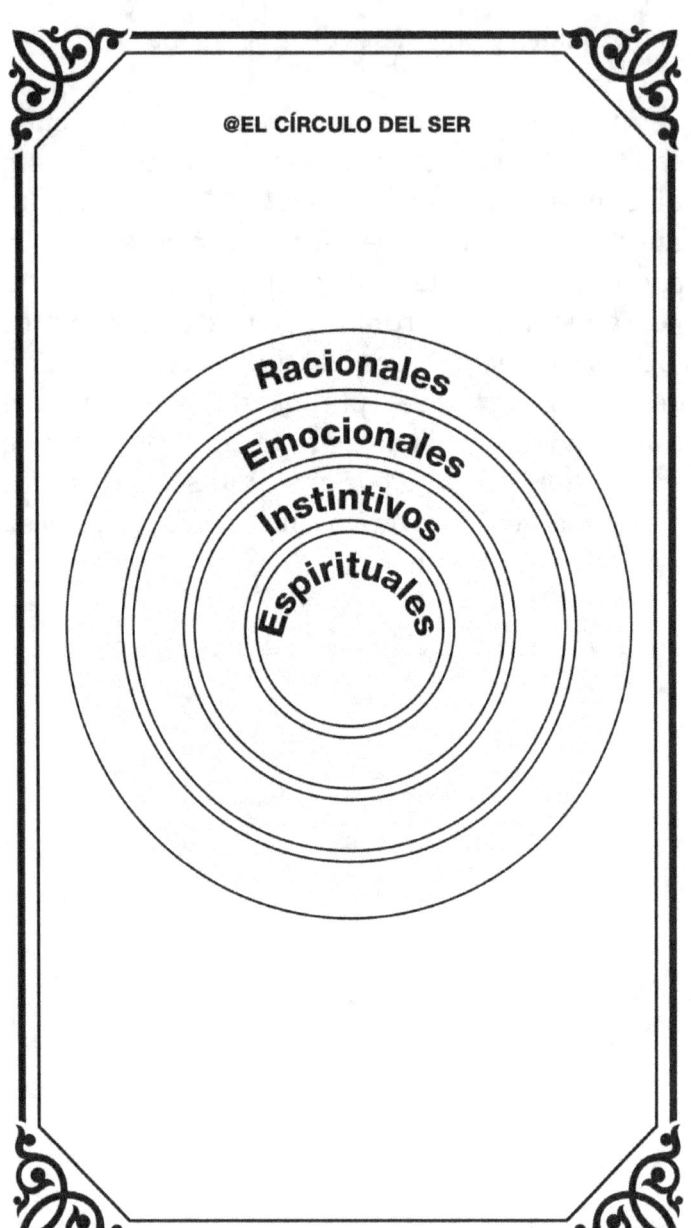

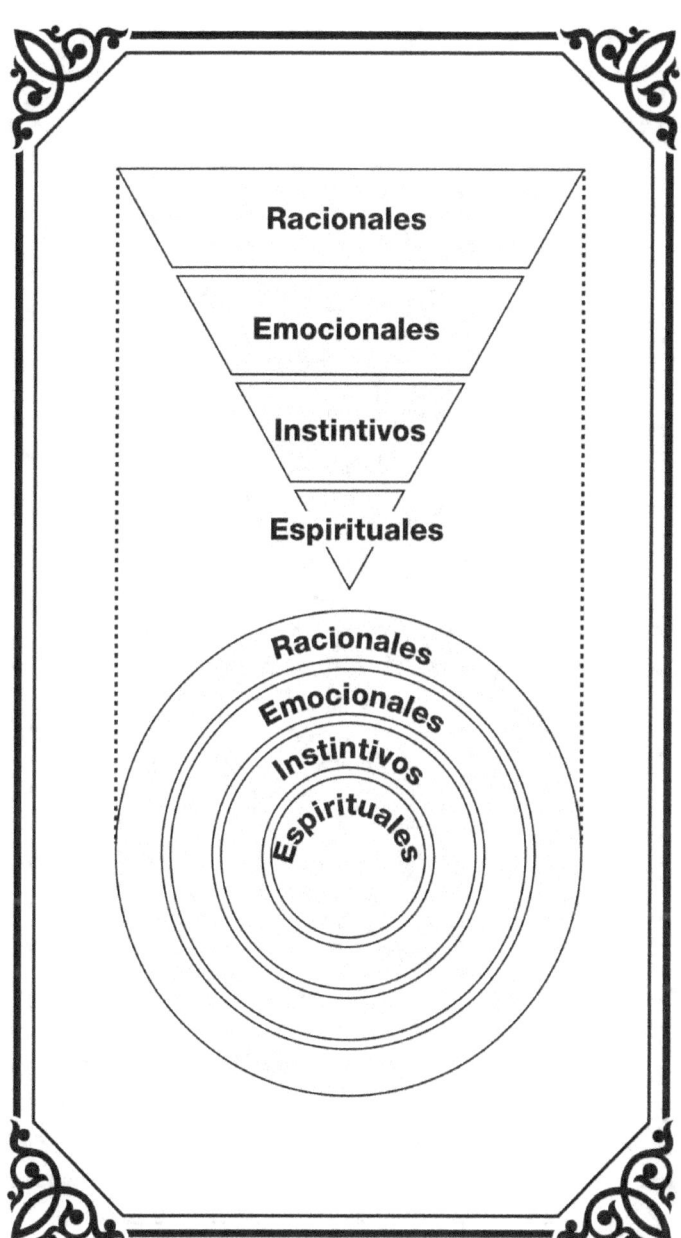

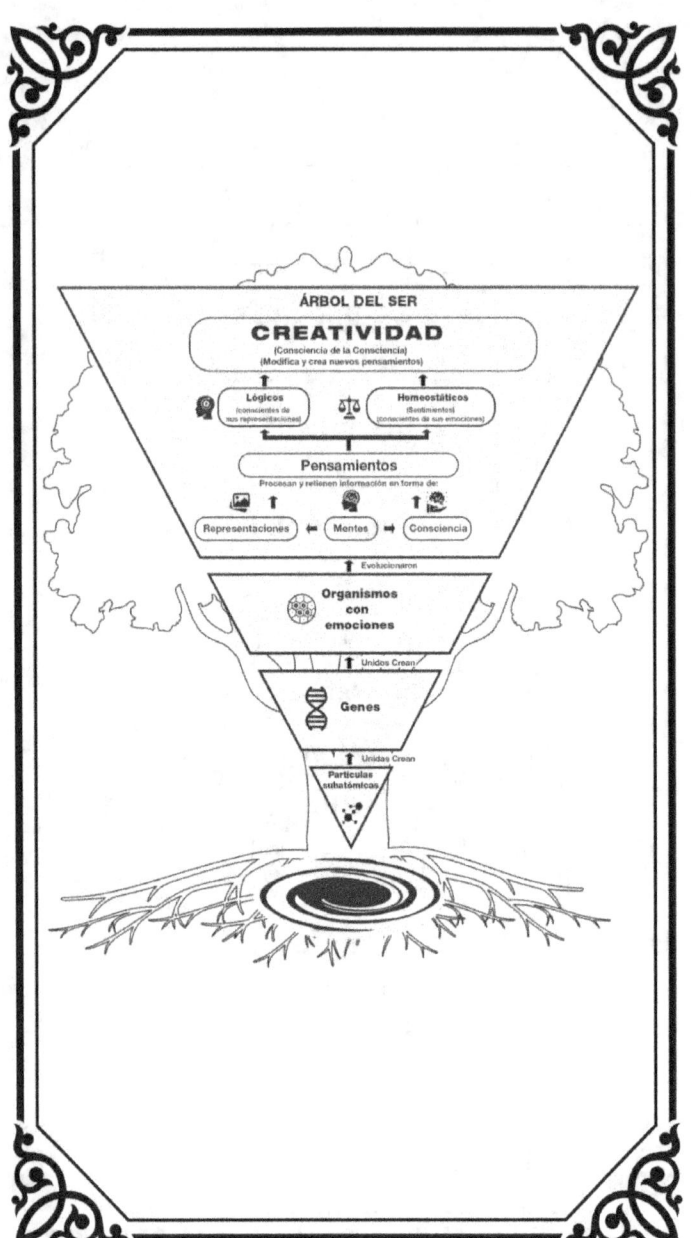

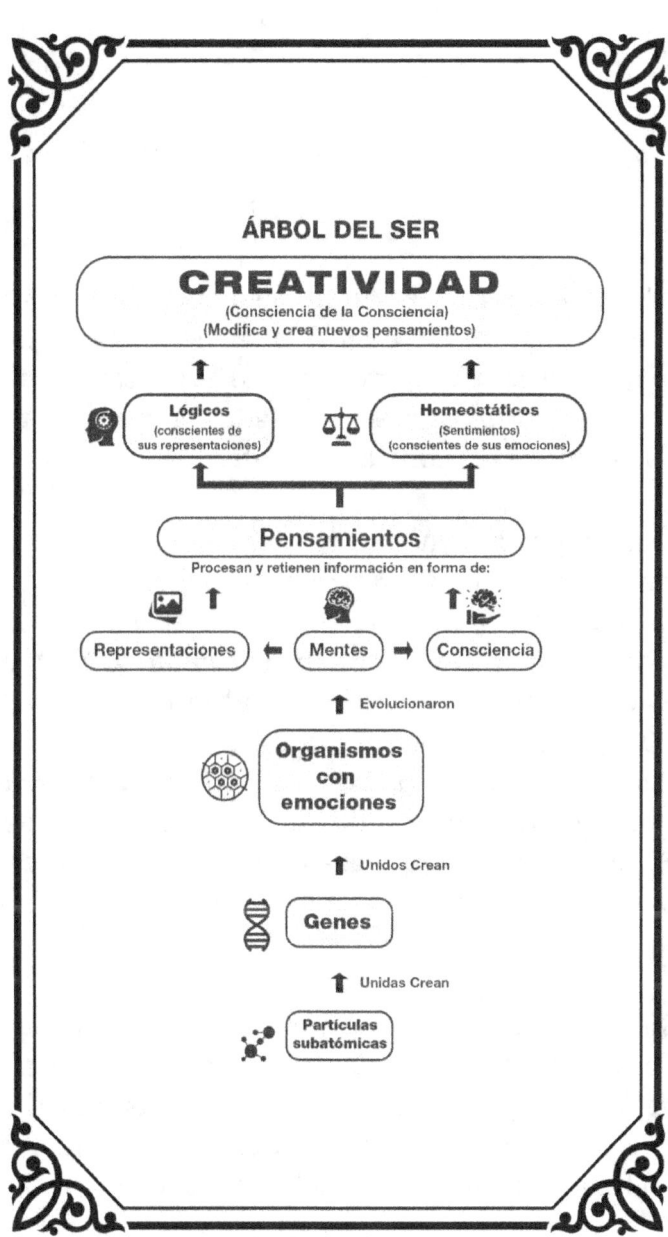

©EL CÍRCULO DEL SER

©*El Círculo del Ser* es un modelo que nos permite visualizar y comprender de manera más sencilla lo que nos motiva (detonadores) a realizar ciertas acciones en los diferentes estados de consciencia que nos mueven constantemente.

Existen muchas fuentes teóricas que sirven como fundamento de ©*El Círculo del Ser*. Entre ellas, las ideas de Arthur Schopenhauer en su libro *El Mundo como Representación y Voluntad* (2012), el Psicoanálisis de Sigmund Freud (Mitchell et al., 2016), las 4 Nobles Verdades de las enseñanzas del Buda histórico (Easwaran, 2007), el Idealismo Absoluto de Hegel, el extraordinario texto del *Bhagavad Gita* (Easwaran, 2007), la idea del *monomito* de Joseph Campbell (2008) y muchas más.

Sin embargo, no entraré en detalles filosóficos; en cambio, me gustaría enfocarme, para efectos de este capítulo, en su esencia más práctica que podemos observar en nuestro día a día. Así podremos identificar su poder tangible.

Es muy interesante observar la narrativa interna que se lleva a cabo todos los días dentro de cada uno de nosotros. Nos contamos historias constantemente para buscar sentido a todo lo que percibimos. Normalmente se representa como el "bien contra el mal", uno te dice "¡sí, hazlo!" y el otro te dice "¡no lo hagas!". Una famosa representación de esto es la "conciencia" o nuestro "Pepe Grillo" interno. Sin embargo, estas ejemplificaciones dualistas se quedan cortas, ya que tenemos más de dos personajes. Por lo que, en ©*El Círculo del Ser*, propongo cuatro personajes, dos que normalmente se hacen conscientes y otros dos que normalmente se presentan inconscientemente pero que, sin duda, también nos motivan.

Justo en el centro del círculo encontramos nuestro *Ser Espiritual*. Aquel que más nos inspira y que, de alguna forma u otra, nos recuerda que todos somos uno. Aquel que nos repite constantemente que nada existe por sí mismo y que el bien que haces al Todo te hará bien a ti y viceversa. Aquel que te hace sentir que la vida tiene sentido cuando ayudas a alguien más. Es sin duda el más poderoso, el que menos comprendemos de dónde se origina y el que ha creado las religiones, civilizaciones y sistemas ideológicos más grandes en la historia de la humanidad. Está totalmente relacionado con nuestra capacidad de empatía y normalmente actúa de forma inconsciente.

En el siguiente nivel encontramos nuestro *Ser Instintivo*. Aquel que corresponde a nuestro código genético diseñado para darnos recursos de reproducción y supervivencia. Es el que nos dice cosas como: "busca poder", "busca libertad", "busca placeres", "busca control", "busca seguridad", "busca ser parte de ese grupo", etc. Normalmente actúa de forma inconsciente también. En términos freudianos, algo muy parecido al Ello.

Más allá, en el siguiente nivel, encontramos nuestro *Ser Emocional*. Aquel que actúa por mera reacción a la presencia de biomoléculas que llamamos neurotransmisores. Cuando se liberan en la sinapsis, ante un estímulo específico (EEC)(Damasio, 2019), nos generan diferentes emociones y sentimientos, como puede ser placer o miedo. A través de los sentimientos somos conscientes de nuestras emociones; sin embargo, es muy difícil controlarlas.

Y finalmente, en la dimensión exterior de ©*El Círculo del Ser*, encontramos nuestro *Ser Racional*. El que se encarga del lenguaje, la lógica y crear historias que justifiquen todas nuestras acciones y deseos pasados, presentes y futuros. Nos dice cosas como: "Compré este convertible porque al ser de diseño alemán va a durar más", cuando en realidad lo compraste porque te hace sentir joven, por ejemplo. O bien te dice: "hoy puedes comer mal porque ya comiste bien ayer". ¡Es sin duda el personaje más divertido y contradictorio!

Una vez que entendemos las diferentes dimensiones en las que actúan nuestros motivadores internos, entonces nos damos cuenta de que se trata de una convivencia multimodal y no solo dual ni mucho menos unilateral. Si ponemos suficiente atención, podemos darnos cuenta también de cómo actúan cada una de estas dimensiones en las decisiones y acciones que tomamos día a día. Y entonces, podremos aspirar a motivar e inspirar desde lo más profundo hasta lo más superficial de los diferentes niveles del *Ser*.

DETONADORES ESPIRITUALES

DETONADORES ESPIRITUALES

El "porqué" que inspira

Ahora sí, vamos a examinar en detalle cada una de las partes de ©*El Círculo del Ser*. Recordemos que cada nivel corresponde a una dimensión del *Ser* del *Homo sapiens*, que, aunque son parte de un mismo organismo, normalmente nos motivan hacia diferentes objetivos. Por eso es que idealmente debemos orientarlos hacia una misma dirección, y así nuestro mensaje tendrá congruencia holística y mucho más poder a corto y largo plazo.

El "porqué" que inspira es la razón de ser de nuestros esfuerzos que contribuye a un bien mayor. Una bandera que nos mueve a todos a ser mejores. Un propósito que toca las fibras más profundas del alma humana. En dos palabras: *empatía pura*.

Aquí les presento algunos ejemplos de *Detonadores Espirituales*:

"Hacer una contribución al Mundo, desarrollando

herramientas para la mente que generen un avance en la humanidad." - **Apple Inc.** *(con Steve Jobs)*

"Empoderar a cada persona y a cada organización en el Planeta para lograr mucho más." - **Microsoft**

"Ofrecer a la gente el poder de construir comunidades y hacer que el Mundo esté más unido." - **Facebook**

"Ahorrarle dinero a la gente para que puedan vivir mejor." - **Walmart**

¿Por qué es esta dimensión tan potente? Para obtener esta respuesta, es muy útil entender algunos principios de la ideología budista y la relevancia de la *empatía*.

Hagamos un breve ejercicio que propone el actual Dalai Lama para comprender que nada existe por sí mismo. Primero intentemos entender qué es nuestro "yo". En principio, pensaríamos que somos un conjunto de átomos, que a su vez forman moléculas, que a su vez forman estructuras, que integran nuestro cuerpo físico. Y además, gracias a nuestra capacidad cerebral, tenemos una mente que logra pensar y reconocerse a sí misma. Hasta aquí todo suena muy lógico, pero aún estamos muy lejos de comprender qué es lo que me hace "yo". Ahora imaginemos que nos cortan una o varias partes del cuerpo, ¿seguiríamos siendo "yo"? La respuesta es sí. ¿Y si perdemos una parte de nuestro cerebro? ¿Seguiríamos siendo "yo"? ¿Qué parte del cerebro es la que me hace ser "yo" exactamente? Descubriremos entonces que no hay una respuesta clara. Esto sucede porque nuestro "yo" es realmente parte de un *Todo* que está conectado en tiempo y espacio. Nuestro "yo" no existiría sin una serie de afortunados acontecimientos pasados interconectados en tiempo y sin la conexión de miles y miles de billones de átomos interconectados en el espacio.

Es por esto que nuestra esencia más profunda nos impulsa a ayudar al *Todo* a ser mejor. Porque nosotros somos uno con él. Esto es simple y sencillamente física y sentido común, libre de dogmas.

Entonces, un movimiento que ayuda al *Todo* a ser mejor nos va a atraer como un imán atrae al metal.

Si te gustaría aprender más sobre estos interesantísimos conceptos orientales, te recomiendo mucho dos libros ya antes mencionados: *El Bhagavad Gita* (Easwaran, 2007) y *El libro tibetano de los muertos* (Padmasambhava, 2006).

Luchar por una causa justa que aporte al bien de todos y todo lo que nos rodea puede convertirse en tu arma más poderosa para vender, liderar equipos, sumar personas a tu causa o bien para lograr cualquier objetivo que te propongas.

El héroe de las mil caras
La mejor historia jamás contada

En este punto será increíblemente enriquecedor analizar brevemente el libro *El héroe de las mil caras* de Joseph Campbell.

Es un libro donde el autor encuentra coincidencias muy interesantes entre textos transcendentales como *La Biblia, El Corán, Los Vedas*, la mitología griega, las enseñanzas del Buda histórico y muchos más. Propone que todos ellos siguen una narrativa en común (el Monomito) que se encuentra profundamente inmersa en nuestro inconsciente colectivo, ya que refleja nuestra psique o bien nuestros "miedos y deseos" como humanidad.

Curiosamente, retomando el tema de los *Detonadores Espirituales*, en el Monomito, el paso final del héroe antes de regresar a su hogar lleno de sabiduría por compartir, corresponde a un despertar espiritual que llama apoteosis. En otras palabras, el héroe no es héroe si no se desprende de su ego y logra la comunión con el *Todo*.

Cabe mencionar que como seres sociales, todos

buscamos sacar nuestro héroe interior y también empujar al prójimo a convertirse en su héroe interior. Estamos diseñados, ya sea por biología, espiritualidad, física o por todo eso, para apoyar a aquel que represente nuestro ideal del héroe. Porque el héroe simboliza evolución ("ser mejores") y no es más que el ser humano ideal como reflejo de los miedos y deseos más profundos del *Homo sapiens*.

Para tener una perspectiva más amplia, estos son algunos pasos del *Camino del héroe* que identificó Campbell (2008), en modo súper resumido:

El héroe recibe una "llamada a la aventura" fuera de lo que conoce y obtiene ayuda (aparentemente sobrenatural). Cruza el "primer umbral", venciendo la primera gran dificultad y entra a un mundo desconocido. Comienza el "camino de las pruebas", etapa donde las épicas batallas se conquistan. Después se "reencuentra con la diosa", que a su vez simboliza a la bella amada o bien a su propia madre (complejo de Edipo). Posteriormente se "reconcilia con el padre"; él se vuelve el padre al desprenderse de su ego. Y gracias a todo esto, consigue un estado de consciencia y sabiduría superior que lleva de regreso para todos a su tierra original. Tal y como Perseo trajo el fuego del Cielo a la Tierra.

Muy interesantemente, este mismo camino han recorrido en sus historias "héroes" como Jesús, el

Buda histórico, Mahoma, Arjuna y muchos más.

Entonces, regresando al ©*Psico-Marketing*, es imperativo comprender que todo aquel que porte una bandera que represente un bien para el *Todo* se convierte en un potencial "héroe" o motivador espiritual. Todos lo celebraremos y apoyaremos consciente e inconscientemente. Y dichos motivadores son, ni más ni menos, que los más poderosos responsables de los movimientos más grandes y extraordinarios que han visto las civilizaciones en este planeta Tierra.

Nota: Las intenciones de dichos esfuerzos deben ser honestas para que realmente conecten. Tratar de engañar con este tipo de motivadores tendrá muy probablemente el efecto opuesto, pues el ser humano tiene una capacidad de percepción muy aguda en este sentido.

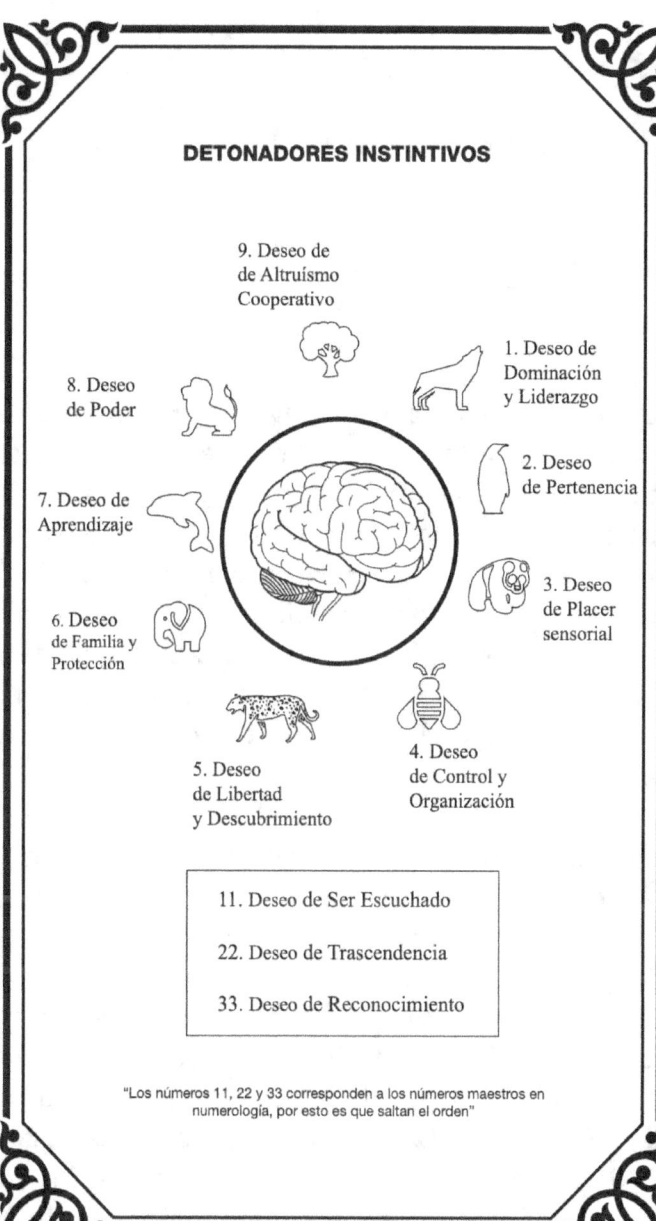

DETONADORES INSTINTIVOS

Los 12 Detonadores Instintivos

Los *12 Detonadores Instintivos* representan una guía que combina una carga teórica histórica con una aplicación asombrosamente práctica. Estamos hablando, ni más ni menos, que de la programación intrínseca que tenemos "de fábrica", diseñada por la supervivencia y como resultado de la evolución del género Homo durante más de 2 millones de años. O como diría Richard Dawkins (2016), producto de millones de años de evolución del gen.

Entre otras teorías y pensadores relevantes que han discutido las fuerzas que mueven nuestras acciones a nivel inconsciente e instintivo, encontramos la Teoría del Inconsciente Colectivo de Carl Gustav Jung, la Teoría de la Evolución de Darwin, la Hipótesis del Cerebro Triple de MacLean, el Psicoanálisis de Sigmund Freud, el libro *El Héroe de las Mil Caras* de Joseph Campbell (2008), *El Mundo como Representación y Voluntad* de Arthur Schopenhauer (2012) y *El Gen Egoísta* de

Richard Dawkins (2016), entre otros.

Con base en estas y más fuentes y tras un esfuerzo de catalogación e identificación de algunas fuerzas que parecen mover de forma inconsciente al ser humano, he sistematizado un listado de deseos instintivos que atienden a la evolución de nuestra capacidad de supervivencia como especie y que, sin duda, afectan cada una de nuestras decisiones.

Con el fin de maximizar la utilidad de comprender el instinto humano, me he apoyado en esfuerzos estadísticos (específicamente en numerología) para crear un listado que corresponda a rasgos de personalidades que reflejan deseos inconscientes. He categorizado distintas "fuerzas" o "deseos", que llamo "detonadores", los cuales provocan acciones que normalmente realizamos por supervivencia y reproducción genética.

Identificar cuál es el más poderoso según las características puntuales de tus fortalezas y objetivos es clave para conectar con grupos e individuos.

Estos son los *12 Detonadores Instintivos*:

1

DESEO DE DOMINACIÓN Y LIDERAZGO

1. DESEO DE DOMINACIÓN Y LIDERAZGO

Tal y como un lobo alfa requiere dominar al resto de los machos, al ser humano también lo mueve una fuerza que lo lleva a buscar dominar a otros en su grupo. Algunos más que otros, pero sin duda todos presentamos esta necesidad en algún nivel.

La comunicación es importante para un animal social como el lobo. Peculiarmente, al igual que el ser humano, su principal vía de comunicación es el lenguaje corporal y el tono. Un lobo tiene muchas formas de dominar que van más allá de una pelea. Por ejemplo, mostrar los dientes, la posición de su cola, no mostrar miedo ante distintas situaciones, el volumen de sus gruñidos y ladridos, su postura pretensiosa, expresión facial, olor, entre otras.

El ser humano hace básicamente lo mismo. Por medio de comunicaciones no verbales, intenta dominar por instinto. La función de supervivencia es muy clara: demostrar que es el mejor candidato para la continuidad de la especie, enseñar a generaciones más jóvenes tácticas de poder y lograr que otros miembros lo sigan para actuar en equipo.

En particular, el ser humano busca dominar a otros miembros de la especie por medio de una infinidad de señales. Por ejemplo: tener el coche más rápido, portar el reloj más brillante y caro, saludar de mano con firmeza, usar una loción intensa, mantener una posición corporal enaltecida, vestir ropa de marca y otros productos que consume y muestra a los demás, etc.

Normalmente no somos conscientes de este instinto al momento de tomar una decisión o comprar un producto o servicio. Pensemos en cómo sería encontrar a alguien en una agencia automotriz pidiendo al vendedor el coche con el que mejor pueda dominar a otros. En realidad, al igual que el resto de los *Detonadores Instintivos*, lo llevamos de forma inconsciente, nos hace desear y lo tratamos de justificar de forma racional. Entonces, la persona en ese mismo caso de la agencia automotriz se acerca al vendedor y, en cambio, pregunta por el modelo más nuevo o bien el motor más poderoso, por ejemplo. Ambas son herramientas de dominación, y así satisface esa necesidad activa.

Entre otros productos que claramente pueden ofrecer una solución a nuestro *deseo de dominación y liderazgo* se encuentran: artículos de lujo, relojes, automóviles, lociones, ropa de marca, restaurantes exclusivos, servicios personalizados, tarjetas de crédito o bancarias premium, yates y muchos más.

2

DESEO DE PERTENENCIA

2. DESEO DE PERTENENCIA

Los pingüinos son las aves más sociales. Actuar en grupo les permite defenderse de diferentes peligros, así como encontrar alimento más eficientemente y también reproducirse fácilmente. Sin duda, actuar en grupo es una cuestión de supervivencia.

En el caso del *Homo sapiens*, su capacidad de organizarse en grandes grupos le ha permitido ser la especie más poderosa del planeta. No es de extrañar que todos estemos programados para buscar pertenecer a un grupo. Un ser humano, por más que prefiera estar solo en ocasiones, enfrenta el hecho de que la soledad puede ocasionarle fuertes problemas psicológicos. Simplemente estamos diseñados como seres sociales; de nuevo, por supervivencia.

La paradoja se encuentra en que hacer consciente nuestro *deseo de pertenencia* nos puede llevar a la soledad. Es decir, pocos quieren estar con una persona que busca desesperadamente pertenecer. En este caso específico, no solo se presenta dicho deseo de forma inconsciente, sino que aceptarlo puede llevar al efecto contrario. Por eso, sería realmente extraño escuchar a alguien decir que eligió comprar un departamento X para lograr pertenecer a un grupo social. Al igual que en otros ejemplos, buscaría justificarlo racionalmente de muchas otras maneras: está bien ubicado, tiene un fuerte retorno de inversión, me gustaron los acabados, etc.

Productos que suelen resolver nuestro deseo de pertenencia podrían ser: *Facebook*, las redes sociales, condominios o fraccionamientos, escuelas, universidades, clubes deportivos, películas o canciones de moda, clubes nocturnos, entre otros.

3

DESEO DE PLACER

3. DESEO DE PLACER SENSORIAL

¿Sabías que los pandas gigantes pasan 14 horas del día comiendo? No hay duda de que dicha actividad les es placentera, ¡o por lo menos eso parece!

Es evidente la función que tiene este comportamiento: nutrición. Sin embargo, tanto los pandas como los seres humanos actuamos de acuerdo con nuestro *deseo de placer sensorial* (aquel que viene de los sentidos: vista, oído, gusto, tacto, olfato) una gran parte del día. No es fortuito que sintamos placer cuando comemos. Pero ese placer puede ser adictivo e incluso representar la diferencia entre la vida y la muerte. Lo mismo sucede con el placer sexual, otra fuerza titánica que mueve al ser humano y que tiene como objetivo la reproducción y supervivencia de la especie.

Tampoco es casualidad que experimentemos placer al descansar o dormir. Nuestro cuerpo lo necesita para funcionar, y ese estímulo positivo garantiza que lo buscaremos.

Es por todo esto y más, que el *deseo de placer*

sensorial es tan influyente en nuestro día a día. El gran problema es que, fuera de contexto y llevado al extremo, puede causarnos graves problemas. En otras palabras, el hedonismo, que implica la búsqueda del placer por el placer y en exceso, ha destruido civilizaciones enteras. En la actualidad, el hedonismo es causa de la mayoría de las enfermedades más graves de la humanidad, como la diabetes, cardiopatías, cáncer e incluso el consumismo.

Algunos productos que solucionan nuestro deseo de placer e indulgencia son: alimentos con altos niveles calóricos, spas, masajes, sofás, hoteles lujosos, comida rápida, dulces, etc.

Aquí las justificaciones racionales son muy divertidas: "ya me lo merezco", "comí bien todo el día", "trabajé mucho", "me hace feliz" y mi favorita "lo necesito". Entre muchas otras.

4

DESEO DE CONTROL Y ORGANIZACIÓN

4. DESEO DE CONTROL Y ORGANIZACIÓN

Las colonias de abejas son simplemente una de las organizaciones de seres vivos más impresionantes que existen. ¡Su disciplina militar y enfoque les permiten actuar como un solo organismo compuesto por más de 20,000 individuos! Este nivel de organización requiere mucho control; de otra forma, no podrían sobrevivir ni lograrían producir en equipo más de 90 kg de miel al año.

La abeja reina tiene una función principal: reproducirse. También se encarga de "motivar" y organizar a la comunidad por medio de feromonas. Las abejas obreras (hembras sexualmente subdesarrolladas) realizan todo el trabajo duro como protección, construcción de paneles, limpieza, almacenamiento de polen, etc. Y finalmente, la función de las abejas zángano es fertilizar a la abeja reina. En otras palabras, es una orquesta perfectamente ejecutada y un mecanismo minuciosamente sincronizado.

De la misma manera, el ser humano, sin organización y control, no sería capaz de sobrevivir ni de actuar en grupos. A nivel individual, la sensación de no tener control puede causar ansiedad severa. Por el contrario, tener control nos hace sentir en paz y tranquilos.

En el caso de las culturas nórdicas, es muy interesante observar la importancia que el sentido de control tiene en su vida diaria. Para explicarlo breve y claramente, durante siglos han tenido que planear bien el invierno para poder llegar a la primavera siguiente. No por nada "los automóviles más seguros del mundo" *(Volvo)* son de una marca sueca.

Productos y servicios que solucionan nuestro *deseo de control y organización* son: seguros, hospitales, servicios de contaduría, libretas, notas adhesivas, y más.

En este caso, nuestra justificación racional se puede alinear con nuestro instinto por muchas razones: una es que está bien visto ser una persona organizada; la otra es que precisamente para ser más organizado o bien tener mayor control, es muy útil recurrir a la lógica. Pero ojo, no significa que un ser sin neocórtex desarrollado o sin aparente capacidad racional (como las abejas) no pueda ser controlado y organizado. Por eso es que en gran parte, obedece a un instinto inconsciente.

5

DESEO DE LIBERTAD Y DESCUBRIMIENTO

5. DESEO DE LIBERTAD Y DESCUBRIMIENTO

El jaguar adolescente abandona su tierra de nacimiento y emprende su camino en solitario para establecer su propio territorio. Necesita más de 150 kilómetros cuadrados para sobrevivir y camina cientos de kilómetros para reproducirse. ¡Vaya demostración de una vida libre e independiente!

Vivir solo y tener un margen territorial tan amplio le permite ser más ágil, tener más recursos y tomar decisiones mucho más rápido. De nuevo, es un acto de supervivencia pura.

También son seres sumamente curiosos; es parte de su trabajo evaluar todo lo que encuentran en su territorio para identificar fuentes de peligro y de alimento. Por naturaleza, están diseñados para descubrir nuevas oportunidades y amenazas.

De la misma manera, algunos más que otros, los seres humanos poseemos un *deseo de libertad y descubrimiento* muy desarrollado. Dicho instinto se encuentra íntimamente ligado a nuestra capacidad creativa. Buscar nuevas y mejores formas de hacer las cosas, adaptarnos al cambio constante e infinito o bien transformar nuestro entorno, son cualidades que nos han permitido una evolución individual, social y biológica importante.

Las cosas nuevas son magnéticas para la atención de cualquier ser humano. Al presentarse una novedad o un escenario que no controlamos, nuestro cuerpo secreta un neurotransmisor llamado noradrenalina que nos hace sentir alertas y con más energía. Este sentimiento llega incluso a ser adictivo; no por nada millones de personas al año saltan de un avión en paracaídas por "entretenimiento". ¡Para muchos otros, eso simplemente es una tortura! Sin embargo, es un fenómeno que explica claramente nuestra necesidad intrínseca por descubrir, sentirnos libres y experimentar cosas nuevas y emocionantes.

Si no contáramos con esta fuerza que nos mueve a ser curiosos, no seríamos seres creativos y, por lo tanto, jamás habríamos logrado crear civilizaciones y mucho menos alcanzar los niveles tecnológicos que tenemos en el mundo moderno.

Algunos productos que satisfacen nuestro *deseo de libertad y descubrimiento* son: automóviles convertibles y veloces, viajes, deportes extremos, tours, hoteles, parques de diversiones, videojuegos y muchos más.

Un ejemplo de justificación racional no alineada a este instinto es el común caso de los nuevos productos que adquiere un hombre en la llamada "crisis de la mediana edad". Entre ellos, un convertible rojo, que por supuesto (dice) que no compra porque se quiere sentir joven, libre y que hace lo que quiere cuando quiere; sino porque "es un modelo con la mejor ingeniería, que va a durar mucho más, que está muy equipado por dentro y además es muy seguro" ¡ah! "y que además consiguió en un precio muy especial haciéndola una 'inversión' muy inteligente". ¡No existen límites para buscar justificar racionalmente lo que deseamos emocional e instintivamente!

6

DESEO DE FAMILIA Y PROTECCIÓN

6. DESEO DE FAMILIA Y PROTECCIÓN

Los elefantes tienen una estructura social matriarcal, lo cual significa que la jefa es una experimentada elefanta que puede dirigir grupos de entre 3 y 25 miembros. Crean lazos de amistad de por vida, se protegen entre ellos e incluso lloran a sus muertos en una especie de rituales funerarios. Hay casos reportados de elefantes que regresan a los lugares donde murió su ser querido para quedarse ahí por largos períodos como una aparente muestra de respeto y recordación.

Desarrollar lazos familiares tan fuertes les permite moverse en grupos, garantizar su seguridad, aprender unos de otros, motivarse para seguir adelante y muchos más beneficios de supervivencia.

El ser humano, al igual que el elefante, es un ser que crea lazos familiares muy fuertes. Nuestro *deseo de familia y protección* instintivo se alimenta incluso antes de nacer, desde el mismo vientre de una madre. Es uno de los detonadores más poderosos, ya que haríamos casi cualquier cosa por proteger a nuestra familia.

Otro fenómeno interesante con respecto a esta necesidad es que todas las personas celebramos aquellas prácticas que fomenten la reproducción y conservación de la especie. Esto lo podemos ver muy claramente en las redes sociales, ya que algunas de las publicaciones con más "me gusta" o interacciones son aquellas que ilustran matrimonios, bebés, familias unidas, etc.

Irónicamente, algunos de los productos que detonan directamente nuestro deseo de familia y protección son los servicios funerarios y los seguros de vida. Tener resuelto ese tema es un acto que tiene un fin indiscutible: proteger a mi familia de los problemas que mi muerte pudiera ocasionar.

Otros ejemplos más positivos pueden ser: bodas, bautizos, juegos de mesa, parques de diversiones para familias, hoteles familiares, restaurantes infantiles, productos de limpieza, alimentos nutritivos, etc.

En muchos de estos casos, las justificaciones racionales estarán alineadas al instinto inconsciente ya que está bien visto buscar proteger a tu familia. Por lo tanto, al hacerlo consciente lo vamos a justificar con ese mismo impulso.

Sin embargo, en muchos casos se mantiene a nivel inconsciente o bien no verbalizado, como podría pasar en el caso de una primera cita romántica. El instinto muy probablemente podría ser conectar con otra persona para formar una familia. Curiosamente, en este caso, será mejor justificar racionalmente la invitación, argumentando "que es un muy buen restaurante" o "que se van a divertir mucho" antes de decir "que te gustaría formar una familia con él/ella". ¡Porque entonces corres el gran riesgo de amenazar el *deseo de libertad* instintivo de la otra persona y te dejarán bien plantado!

7

DESEO DE APRENDIZAJE

7. DESEO DE APRENDIZAJE

Los delfines son seres sumamente inteligentes que han demostrado no solo aprender rápidamente, sino también pasar ese conocimiento a miembros de sus grupos o a otras generaciones.

Otro atributo realmente interesante tiene que ver con la "consciencia del *Ser*". Es decir, parece que están conscientes de su consciencia al igual que el ser humano.

También son capaces de resolver problemas, imitar comportamientos, sentir *empatía*, innovar, enseñar técnicas y sentir tristeza y felicidad.

Su don e impulso por aprender y enseñar les ha permitido sobrevivir como especie. En mar abierto utilizan tácticas muy inteligentes de caza en grupo. Dichas tácticas se actualizan y transmiten de generación en generación, lo cual les permite estar en constante adaptación rápida: son creativos. Si bien no nacen con estos conocimientos, y por lo tanto no actúan así de forma instintiva, su hambre por aprender y enseñar sí son parte de su naturaleza. En otras palabras, su *deseo de aprendizaje* instintivo les permite desarrollar nuevos comportamientos y acciones inteligentes que les ayudan a resolver problemas y crear oportunidades.

Aunque a veces creamos que el *Homo sapiens* es el único ser inteligente que ha pisado esta tierra, la realidad es que no podríamos estar más equivocados; nos falta mucho por entender sobre la naturaleza, sus seres y los estados de consciencia.

Pero lo que sí es un hecho es que a nosotros también nos mueve una fuerza que nos empuja a aprender y enseñar, lo hacemos por instinto. Es por esta razón que resulta tan gratificante enseñar, al grado de hacernos sentir plenos. Aprender y transmitirlo es una pieza muy importante de la evolución humana.

Algunos productos y servicios que pueden satisfacer nuestro *deseo de aprendizaje* son: libros, cursos, clases, escuelas, documentales, seminarios, retiros, meditación, arte y muchos más.

Sucede también que muchas veces nos llena el anhelo de aprender algo sin entender por qué queremos hacerlo; la respuesta de fondo es: evolución.

Particularmente con este detonador es muy interesante comprender la relación que tiene con nuestro "músculo creativo". Mi primer libro titulado *Creatividad: el arma más poderosa del Mundo* (2019) es una investigación sobre: qué es la *creatividad*, cómo la hemos usado en la humanidad y cómo la podemos utilizar a nivel individual. Resulta que la *creatividad* se encuentra íntimamente ligada a nuestra capacidad de adaptarnos al *Todo* y al cambio constante e infinito. Por lo que resulta también, que la *creatividad* podría ser un sinónimo de evolución o de "ser mejores". Por esto es que nuestro *deseo de aprendizaje* instintivo se fusiona con nuestra capacidad creativa.

8

DESEO DE PODER

8. DESEO DE PODER

Al pensar en un animal que represente el poder puro, es inevitable considerar al león. Con 120 kilogramos de peso, un gruñido que produce 114 decibeles (4 decibeles por encima del límite de dolor de un ser humano) y un conjunto de garras afiladas que pueden desgarrar hasta el tuétano de cualquier ser vivo, el león ha sido uno de los símbolos de poder más utilizados por los seres humanos.

De cierta forma, todos nos sentimos identificados con este espléndido animal. ¿Quién no se emociona al imaginar lo que se sentiría tener tal poder físico? No por nada es el rey de la selva.

Y así como nosotros lo admiramos y respetamos, también lo hacen otros animales. Demostrar que es poderoso es parte de sus tácticas indispensables de supervivencia.

Al ser humano, desde hace millones de años, también lo mueve fuertemente la búsqueda de poder. Es un instinto que despierta nuestros sueños más ambiciosos.

Es también un instinto que jugó un rol muy importante en la victoria del capitalismo sobre el socialismo. En otras palabras, en el socialismo, al eliminar la posibilidad de ganar poder con la productividad y el trabajo, también se eliminó uno de los incentivos más influyentes en el comportamiento humano. En el caso contrario, el capitalismo logró cuantificar, materializar y comoditizar un concepto tan abstracto como "el poder" en un elemento intercambiable que al día de hoy mueve masas: el dinero.

En un sistema capitalista, la promesa individual es que mientras más trabajes y más productivo seas, más poder vas a ganar (en forma de dinero). Y vaya que ha funcionado como motivador, al grado de que la búsqueda de poder y dinero ya ha llegado a límites autodestructivos.

Productos que satisfacen nuestro deseo de poder son: el mismo dinero, los bienes raíces, armas, consultorías de negocios, servicios ejecutivos o preferenciales, billetes de lotería, etc.

Es un caso muy común justificar nuestras acciones y decisiones racionalmente con cualquier otra explicación que no sea "busco satisfacer mi *deseo de poder*". Diríamos, por ejemplo: "necesito duplicar mis ingresos para ayudar más a mis empleados" o "quiero ganar más para ser más independiente" o "necesito la tarjeta más exclusiva por sus beneficios", etc. Es un detonador que está muy presente pero que rara vez verbalizamos o hacemos realmente consciente.

También vale la pena mencionar que es uno de los motivadores más peligrosos a nivel individual y colectivo. La ambición o la búsqueda del poder por el poder puede destruir civilizaciones y también desintegrar por completo tu espíritu, paz mental y capacidad de hacer el bien al *Todo*. Por eso es que muchas veces vemos a multimillonarios buscar balancear este exceso de poder con actividades filantrópicas.

Es sin duda una fuerza necesaria para nuestra evolución y supervivencia como especie, pero para dirigirnos hacia un futuro brillante es imperativo que cada uno de nosotros cuide que ese poder sirva para lograr un mundo mejor y no viceversa. Al final de cuentas, es una responsabilidad que todos tenemos. Y por eso también, desde un punto de vista ético, debemos abstenernos de aprovecharnos de este ímpetu social con propósitos egoístas o malintencionados.

9

DESEO DE ALTRUISMO COOPERATIVO

9. DESEO DE ALTRUISMO COOPERATIVO

Dicen que el 9 es el número de la iluminación espiritual; por ello, nuestro noveno *Detonador Instintivo* es la búsqueda de equilibrio y bienestar universal. Estar alineados y en un estado armónico con todo lo que nos rodea nos puede traer grandes satisfacciones. En caso contrario, puede traernos grandes problemas.

¡Un árbol de la especie pino longevo puede vivir más de 4,000 años! ¿Cómo logran estos seres vivientes una longevidad tan extensa? ¿Será que el truco está en su equilibrio con la naturaleza? Los árboles son sin duda una pieza fundamental para el funcionamiento del Planeta y de la vida de todos sus miembros. Pareciera incluso que no viven solo por ellos mismos sino para permitir la vida en muchos otros seres.

Para este detonador, decidí utilizar el árbol como símbolo porque me parece que ningún otro ser está en ese nivel de simbiosis o altruismo cooperativo.

Y aunque desafortunadamente no es el motivador

que más nos impulsa normalmente a los seres humanos, sí es sin duda una fuerza que nos lleva a la acción y a experimentar los más complejos estados anímicos, emocionales y de consciencia. Sentirnos útiles y necesitados es incluso una variable clave para descifrar por qué hay ciertas comunidades humanas que logran tener promedios de edad mucho más altos.

Las llamadas "zonas azules" son regiones del mundo donde el promedio de vida humana es mucho más alto. Se ha identificado que una alimentación alta en nutrientes (basada en plantas y legumbres) juega un papel muy importante en este fenómeno. Sin embargo, también es muy importante el hecho de que cada miembro tiene una función social relevante para toda la comunidad. En otras palabras, se siente útil hasta el último de sus días.

El *deseo de altruismo cooperativo*, al igual que todos los *Detonadores Instintivos*, es una fuerza diseñada para mejorar nuestras oportunidades de supervivencia.

Productos que pueden satisfacer este deseo son: donaciones, servicio social, productos que ayudan al planeta, esfuerzos de responsabilidad social, empaques ecológicos, tecnologías sustentables, productos reciclados, energías renovables, etc.

Como nota, la diferencia entre la *Dimensión Espiritual*, que busca el bien del *Todo*, y el *Detonador Instintivo de altruismo cooperativo*, se encuentra fundamentalmente en que este último busca un beneficio a cambio: ayudo para ayudarme, por supervivencia genética. En cambio, los *deseos espirituales* en este modelo representan motivadores que no contemplan un beneficio recíproco.

Sin más, ¡uno de los detonadores que más deberíamos tener presente!

11
DESEO DE SER ESCUCHADO

11. DESEO DE SER ESCUCHADO

Con los últimos tres detonadores, utilizaré los llamados "números maestros" 11, 22 y 33, para representar *deseos instintivos* más humanos.

¿Cuántos no sueñan con ser famosos? ¿Será que buscamos poder, reconocimiento o solo ser escuchados? La realidad es que cada quien puede tener diferentes razones para buscar fama (en los casos que así sea), pero también es cierto que gran parte de dicho motivador se centra en la posibilidad de lograr influir en las personas.

Ser escuchados nos hace sentir bien. Y, por el contrario, el hecho de sentirnos "no escuchados" puede ser uno de los escenarios más frustrantes.

Es por esto que todos buscamos, de forma consciente e inconsciente, maneras de lograr que nuestras ideas y pensamientos conecten con otras personas. Se dice que el *Homo sapiens* se ha convertido en la especie más poderosa del planeta gracias a su capacidad de comunicar y transmitir ideas a miles de sus congéneres. De nuevo, una cuestión de supervivencia.

Un solo humano es capaz de mover e inspirar a millones de otros humanos con sus ideas; mismas que logramos transmitir no solo de forma verbal sino también a través de todas las expresiones artísticas.

Productos que solucionan nuestro *deseo de ser escuchados* pueden ser: computadoras, instrumentos musicales, *Instagram*, redes sociales, lápices de colores, micrófonos, proyectores, programas de diseño y muchos más.

En la mayoría de las ocasiones no identificamos racionalmente este instinto, pero el miedo a "sentirnos solos o no escuchados" siempre suele estar presente.

Es, sin duda, uno de los detonadores con mayor potencial de lograr grandes cambios.

22

DESEO DE TRANSCENDENCIA

22. DESEO DE TRANSCENDENCIA

Vivir por siempre. ¿No es ese acaso uno de nuestros más grandes sueños como especie? Humanos que se convierten en los dioses que describían en sus épicas, seres que son capaces de transcender tiempo y espacio y que parecen ser inmunes a nuestros miedos más profundos. Un sueño que mueve individuos y civilizaciones hacia la promesa de un futuro perfecto.

¿Un sueño inalcanzable? Muy probablemente. Pero como con todos nuestros deseos más grandes, vale la pena intentarlo.

Actualmente, algunos buscamos transcender escribiendo textos que logren conectar con otras almas capaces de leernos, otros crean obras artísticas extraordinarias que mueven todos nuestros sentidos sin importar la época en la que las experimentemos, otros más buscan reproducirse para dejar un legado en este mundo tan efímero. Pero todos, absolutamente todos, deseamos plantar nuestra semilla para el futuro.

Una fuerza particularmente humana que se

comunica con nosotros en los niveles más complejos del inconsciente y que pareciera incluso dirigir una sinfónica donde cada nota musical es una acción humana. Una fuerza tan monumental que no deja de sorprenderme.

¿Productos que prometen al menos hacernos sentir que lograremos transcender en tiempo y espacio? Lápidas, esquelas, clínicas de fertilización, talleres de paternidad, clases de arte, instituciones religiosas, etc.

En este sentido, difícilmente logramos comprender racionalmente lo mucho que esta fuerza influye en cada una de nuestras decisiones. Sin embargo, en la práctica, si ponemos la suficiente atención, nos daremos cuenta de lo relevante que puede llegar a ser en cada momento de nuestras vidas.

33

DESEO DE RECONOCIMIENTO

33. DESEO DE RECONOCIMIENTO

Por último, uno de los destellos de esperanza que brillan en torno a nuestra capacidad de dotar de sentido a la vida: ser reconocidos. Recibir de otros seres conscientes la idea de que lo que hacemos es importante y requerido para crear un Mundo mejor. Podemos creer o decir que no lo necesitamos, sin embargo, un *Homo sapiens* difícilmente logra sentirse pleno sin reconocimiento. ¿Por qué las religiones más influyentes buscan evangelizar con sus ideas? ¿Será que el reconocimiento juega un rol fundamental? Incluso el primer Buda histórico, que propuso un contexto de soledad para lograr encontrar la iluminación y el máximo estado de consciencia, regresó a su tierra para transmitir su conocimiento a otras personas. El héroe siempre regresa para demostrar y descubrir que él es el héroe y así recibir el tan anhelado reconocimiento colectivo.

Otro tema del cual podríamos escribir una enciclopedia completa. Tan humano que tendría que cubrir un largo capítulo en la herencia explicativa que podríamos dejar como especie para que otros seres logren vislumbrar un poco de la psique humana.

Sin referirnos a un contexto tan amplio en el tiempo, al día de hoy un simple "lo hiciste muy bien" nos hace el día. Los animales, aunque no lo parezca, también son influidos por esta misma fuerza. Me parece realmente interesante y gratificante ver cómo a uno de los seres vivientes que más quiero en este mundo (mi perro Bacco) lo llena de una aparente felicidad y satisfacción el hecho de que yo le diga "muy bien Bacco"; estoy absolutamente seguro de que es una de las cosas que más disfruta en su vida entera.

Y regresando a los humanos, ¿a quién no lo mueve que sus seres queridos le digan que se sienten orgullosos de él/ella?, ¿a quién no lo mueve que su esfuerzo sea recompensado?

¿Supervivencia? Muy probablemente. El hecho de buscar el reconocimiento nos conecta con los esfuerzos colectivos de evolución. Sin el reconocimiento, nada nos podría dotar de dirección social. Por el contrario, la desaprobación social nos puede quebrantar el espíritu. Simple y sencillamente, somos seres sociales que buscamos reconocimiento en todas sus formas.

Productos que pueden satisfacer nuestro *deseo*

de reconocimiento incluyen: grados académicos, títulos profesionales, productos de belleza, gimnasios, productos para el bienestar del hogar, etc.

Justificaciones racionales que pueden no proyectar la alineación directa con este *Detonador Instintivo* incluyen: "lo hago por ellos", "me necesitan", "me lo están pidiendo", "lo tengo que hacer", "lo hago por mí", etc.

DETONADORES EMOCIONALES

DETONADORES EMOCIONALES

Neurotransmisores

La Dimensión Emocional de ©*El Círculo del Ser* es una colección de reacciones físicas, químicas y eléctricas que forman nuestro universo de *emociones*. Particularmente, los neurotransmisores son biomoléculas identificadas como responsables de algunos de nuestros estados anímicos como la felicidad, el miedo, el placer, etc. Justo alrededor de estos elementos giran nuestros esfuerzos por entender y conquistar dichos detonadores.

En resumen, lo que estaremos buscando es crear "anclas" que disparen el neurotransmisor en cuestión por medio de sonidos, imágenes o ideas. El famoso experimento de los perros de Pavlov nos ayuda a ilustrar muy bien este escenario. Resulta que Iván Pavlov sonaba una campana cada vez que alimentaba a sus perros, entonces se dio cuenta de que, después de hacer esto muchas veces, el solo sonar de la campana provocaba que los perros salivaran. La campana se había convertido en un "ancla" del cuadro fisiológico emocional que interpretamos con el *sentimiento* "hambre".

Podemos lograr esto mismo con logotipos, sonidos, imágenes, olores, etc. El truco está en lanzar cientos o miles de veces comunicaciones con el estímulo condicionado y no condicionado juntos. Por ejemplo, *Coca-Cola* dirige producciones que relacionan escenarios o imágenes que connotan felicidad (grupos sonriendo efusivamente) con su marca, una y otra vez. Esto lo ha hecho por años. ¿El resultado? Su logotipo y marca se han convertido, en la mente de muchos, en un "ancla" del *sentimiento* "felicidad", relacionado con la liberación de *dopamina* y *serotonina*. Finalmente, el consumidor compra ese refresco por lo que lo hace sentir.

Las *emociones* son una herramienta que funciona como motor para mover todo tipo de acciones. Nos aceleran, nos frenan, nos hacen tomar decisiones y nos influyen todo el tiempo y todos los días. Son una fuerza que afecta nuestro comportamiento mucho más que la misma razón.

A continuación, vamos a revisar algunos neurotransmisores específicos con el fin de elegir cuál podría sernos de mayor utilidad y así buscar fusionarlo con nuestra "ancla" (marca, nombre, logotipo, etc.).

1. Noradrenalina

Ponernos en acción, ese es el objetivo de la noradrenalina. Enfrentar o huir al encontrarnos con algo nuevo. Una respuesta básica de supervivencia.

Nos emociona, nos pone alerta, en estado de vigía, y nos dota de enfoque. Todo esto para que podamos tomar decisiones lo más rápido posible frente a experiencias novedosas. Nos produce una sensación vibrante que nos puede llevar al miedo o bien a la cima del mundo.

Uno de los síntomas fisiológicos importantes que nos hace experimentar es aumentar el flujo de sangre en el músculo esquelético y reducirlo en el sistema gastrointestinal. Así tendremos más energía para realizar movimientos.

Correr más rápido que el viento, tocar el cielo sin importar las consecuencias, volar tan alto hasta que todo nuestro cuerpo se convierte en la máquina súper poderosa que puede conquistar al mundo. Así se siente la noradrenalina cuando se aproxima a su punto máximo.

Algunos productos o servicios que podríamos relacionar directamente con esta biomolécula son:

deportes, tours, viajes exóticos, automovilismo, café, parques de diversiones y más.

¿Y qué podemos hacer con ©*Psico-Marketing*? Integrar imágenes y símbolos que nos provoquen secretar noradrenalina inconscientemente en todas nuestras comunicaciones. Eventualmente, llegando a muchas personas muchas veces, con el mensaje correcto, nuestra marca se convertirá en un ancla de dicho neurotransmisor. ¿Y para qué queremos esto? ¡Para ofrecer *emociones* y multiplicar el atractivo de nuestro producto, servicio, oferta, idea, etc.!

2. Dopamina

Es un neurotransmisor que data de más de 500 millones de años. Se dice que es responsable de nuestra sensación de placer; sin embargo, el consenso actual en farmacología es que es responsable de activar o detener movimientos. Dicho de otra forma, es parte de un "programa de recompensas" en nuestro cuerpo.

Es realmente interesante que esta misma biomolécula, con esta misma función (inhibir o fomentar una acción), está presente en animales tan prehistóricos y diversos como moluscos e invertebrados.

Este "programa de recompensas" biológico funciona de una manera muy simple: si haces lo que pido, te recompenso (libero dopamina); si no, no. ¿Y qué es eso con lo que nuestro cerebro nos condiciona para liberar este elemento? Básicamente, aquellas acciones que le ayudan al gen a sobrevivir en el día a día: alimentarse y reproducirse.

Imagina estar en la playa con tu fruta favorita bañada de delicioso chocolate, acompañada de una bebida exótica refrescante. Así se siente la dopamina.

Una campaña de publicidad muy exitosa que vale la pena mencionar en este caso es la de la cerveza *Corona*, ya que logró de forma muy eficiente convertir a la marca en un ancla de dopamina en un contexto de vacaciones en la playa. En mi ciudad de residencia actual, Playa del Carmen, una infinidad de turistas piden todos los días cerveza *Corona* con limón en la boquilla porque inconscientemente les remonta a las vacaciones de sus sueños, mismas que construyeron mentalmente con ayuda de las comunicaciones de dicha marca.

Vale la pena preguntarse si una cerveza es algo que el cuerpo busca por supervivencia. La respuesta es paradójicamente: sí. A pesar de que abusar de este producto es muy dañino para la salud, también representa una sensación de frescura e hidratación con un twist de calorías extra (energía). En un contexto de supervivencia, este producto sería muy útil. Nuestro cuerpo dice: hidrátate, toma esa bebida refrescante llena de calorías y secretaré dopamina. Al final de cuentas, es un espejismo irónico, pero la teoría es muy clara.

Productos que podríamos fusionar con este neurotransmisor exitosamente: alimentos, experiencias placenteras, turismo premium, spas, dulces y muchos más.

3. Acetilcolina

Atención, excitación, memoria y motivación. Todo eso puede regular la acetilcolina.

Una de las funciones más importantes del sistema nervioso central es ayudarnos en los procesos de aprendizaje, también en despertarnos del sueño y mantener la atención.

Dentro de todo esto, "aprender" es la palabra clave hacia una sistematización y anclaje de tu marca o estímulo. Es decir, si logramos que nuestra abstracción conceptual (marca) se convierta en un ancla para la secreción de acetilcolina, entonces lograremos una sensación de satisfacción y memorabilidad extraordinarias en la mente de las personas.

La música, por ejemplo, nos hace liberar acetilcolina de tal forma que es muy fácil recordar la melodía de nuestra canción favorita. Así es como un *jingle* o canción acompañada por los símbolos sensoriales que pueden conformar una marca (logo, nombre, etc.) puede convertirse en un ancla de dicho neurotransmisor.

Esta biomolécula es clave para comprender la *emoción* que sentimos con el sonido, ya que influye directamente en las fibras motrices de los nervios craneales y espinales. "Piel de gallina", dirían algunos.

Ejemplos hay muchos, todos tenemos un *jingle* que recordamos y probablemente recordaremos por siempre. Ese es el poder de la acetilcolina. También podríamos referir al *soundtrack* de una película. Es relevante hacer notar en este punto que las películas con una buena colección de canciones son películas que vamos a recordar más. *Grease*, *Saturday Night Fever*, *Ghost*, *Pretty Woman*, *Star Wars*, etc. Cuando escuchamos sus canciones liberamos este neurotransmisor y nos hace recordarlas. Además de ser un gran agregado y complemento artístico, son una excelente herramienta publicitaria a corto y largo plazo.

Productos y servicios con los que sería muy útil crear un ancla con este elemento podrían ser: películas, productos de consumo masivo, escuelas, universidades, libros, obras artísticas, etc.

4. Endorfinas

Mitigar el dolor. Eso hacen las endorfinas. Incluso nos pueden crear una sensación de euforia.

Por ejemplo, el chocolate es muy adictivo ya que provoca la liberación de endorfinas. Parece cliché, pero cuando estamos tristes o tenemos algún dolor físico o emocional, se nos antoja comer chocolate debido a la secreción de este neurotransmisor que bloquea parcialmente las señales de dolor en nuestro organismo.

Otra actividad muy relacionada con la liberación de dicha biomolécula es el deporte. Cuando nos ejercitamos, nuestro cerebro regula la producción de endorfinas, lo cual nos genera una sensación de bienestar y disminución del dolor.

Miedo. Otra manifestación del dolor que puede ser parcialmente eliminada por las endorfinas. En este punto, vale la pena comentar que en la mayoría de nuestras acciones (y de las ventas) nos mueve la posibilidad de cumplir un deseo (necesidad) o bien de mitigar un miedo (la posibilidad de que ese deseo no se cumpla). Aquí es donde la naturaleza bioquímica de las endorfinas se vuelve muy útil: nos ayudan a vencer miedos. Eso es, en definitiva, algo muy trascendente y relevante en ©*Psico-Marketing*, incluso un pilar fundamental.

En este sentido, algunos productos o servicios que nos ayudan a mitigar miedos y que sería muy funcional cruzar con la liberación de endorfinas son: seguros, fondos de ahorro, educación, bienes raíces, actividad física, deportes, medicinas, servicios hospitalarios y más.

Un ejemplo muy claro que depende del miedo de sus consumidores es la industria médica. Es cada vez más frecuente en esta industria encontrar anuncios publicitarios diseñados para crear miedo y luego ofrecer una solución. Lo mismo sucede con los antivirus para computadoras. Y lo mismo se hace en Marketing político. ¿Ético? No lo creo. Pero sin duda muy eficiente para vender o mover masas. La buena noticia es que mitigar miedos no tiene que depender de crearlos, el mundo nos enfrenta ya a un sinfín de obstáculos naturalmente. Fomentar el deporte es un claro ejemplo que ayuda a mitigar miedos sin la necesidad de crearlos.

Nota recordatoria: Vender o promover productos o servicios que atentan contra los Detonadores Espirituales (hacer el bien) puede funcionar a corto plazo pero es muy peligroso, no será sustentable y traerá más problemas que satisfacciones. Fenómeno estrictamente físico.

5. Serotonina

90% de la serotonina del cuerpo se encuentra en

las células enterocromafines que se localizan en el tracto gastrointestinal. ¿Has oído hablar de sentir mariposas en el estómago? ¿Será que se trata de serotonina liberada?

Algunas funciones que regula esta biomolécula son el humor, el sueño y el apetito. También se aprovecha en el uso de algunos antidepresivos.

En realidad los efectos clínicos psicológicos parecen no estar tan claros en la comunidad científica. Sin embargo, para términos prácticos en ©*Psico-Marketing* podemos relacionarla con "buen humor y sociabilidad".

Acabas de recibir una excelente noticia por la mañana, el día está soleado y quieres regalarle una sonrisa a todos los que te rodean. Así se siente la serotonina.

O dicho de otra forma: "amor por la vida", "buen humor", "*carpe diem*", "estar de buenas", "sonreír a la vida", "brillar", "estar bien", "sentirse en las nubes".

Evito mencionar la palabra "felicidad" ya que es un concepto muy complejo que, aunque se puede confundir con un estado fugaz de bienestar, desde un punto de vista filosófico no depende de solo un neurotransmisor. Por ejemplo, los griegos antiguos le llamaban "eudaimonía" (espíritu bueno); ese punto en el que todas las virtudes llegan a su epítome en la vida de un ser humano.

Pero ese es otro tema.

Regresando al pragmatismo que nos ocupa en este capítulo, "buen humor y sociabilidad" es un código de representación suficientemente útil.

Entonces, ¿qué productos o servicios podríamos relacionar con esta sensación? Tal vez, la pregunta sería: ¿cuál no? Desde *Coca Cola* hasta el vecino de tu cuadra que sonríe a todos, han apostado por convertirse en un ancla de serotonina. Sería redundante describir la lista de beneficios y oportunidades que puede significar lograr este enlace neurolingüístico efectivamente, así que: ¡a crear comunicaciones creativas que saquen una y millones de sonrisas!

6. Oxitocina

La biomolécula del amor. La oxitocina se libera en grandes cantidades, por ejemplo, cuando una madre da a luz y ve por primera vez a su bebé. Esa dinámica continúa entre madre e hijo durante su crecimiento y está fuertemente ligada a la producción de leche materna.

Además, este neurotransmisor está muy presente en las interacciones humanas sociales. Los vínculos de amistad, amor e incluso sexuales son motivados de forma muy importante por la oxitocina. Está relacionada con diversos comportamientos como el reconocimiento social, búsqueda de pareja, el orgasmo y el apego materno.

Sin duda, la oxitocina fomenta la emoción de simpatía y permite el *sentimiento* de *amor* y *empatía*. Es un elemento indispensable para la evolución. En equipo con las llamadas neuronas espejo, permite ni más ni menos que la conexión de la vida con la vida misma. La posibilidad de "sentir" como si estuviera en el lugar de otros humanos o seres vivientes y formar vínculos de protección es lo que ha llevado al *Homo sapiens* a conocer sus más grandes virtudes. ¡Y no solo eso, también nos ha permitido imaginar mundos y situaciones futuras que procuran el bienestar colectivo con escenarios creativos que potencialmente pueden dirigirnos a futuros brillantes!

Proteger el vínculo de la vida con la vida, esa es una de las grandes responsabilidades que tiene esta extraordinaria hormona. Con lo que respecta a este libro y en términos prácticos, podemos entonces asignarle la función de "*amor* y *empatía*".

¿Qué productos o servicios podríamos relacionar con la oxitocina? Cualquiera que proteja a la familia, que fomente la reproducción o la misma evolución, como productos para mamás y para bebés, servicios de fertilización asistida, servicios de búsqueda de pareja, herramientas tecnológicas que procuran la evolución humana, asociaciones con causas sociales, etc.

En este punto, me permito sugerir que, independientemente de pensar cómo puedo relacionar la oxitocina con un esfuerzo comercial, tomemos un momento para reflexionar sobre la importancia del *amor*, la *empatía* y de proteger la vida en todas sus manifestaciones para nuestro futuro individual y colectivo. ¡Es asombroso cómo la maquinaria biológica que representamos funciona en su mejor versión cuando procura el bienestar de los demás!

Si logramos motivar con esta implacable tendencia a otras personas con nuestras comunicaciones, productos o servicios, entonces encontraremos un ganar-ganar muy especial.

DETONADORES RACIONALES

DETONADORES RACIONALES

Neocórtex y Valores Funcionales

Nuestra capacidad de pensamiento lógico y racional ha sido una gran herramienta de poder que ha permitido avances tecnológicos inimaginables y una comprensión mucho mejor de lo que nos rodea. Pero también nos ha dotado de la posibilidad de engañarnos con "racionales" que buscan justificar nuestros deseos.

Hacer énfasis en los beneficios funcionales y argumentos racionales en un esfuerzo de marketing puede ser un útil aliado, pero también tu peor enemigo. Todo depende de que sepas utilizarlos dentro de la psique del grupo o individuo con el que intentas conectar.

Por ejemplo, una idea lógica puede ayudar mucho a cerrar una negociación o bien contribuir a llamar la atención desde un inicio. Pero definitivamente no va a enamorar o a inspirar a nadie. Por eso son los detonadores más débiles. Recordemos que en

©*Psico-Marketing*, la clave es mover las fibras más profundas del ser hacia una acción. Los racionales son los más volubles y los más superficiales.

Sin embargo, en el "set de herramientas", son indispensables. De ahí la confusión en su nivel de importancia. Si bien los *Detonadores Racionales* son necesarios, la mayoría de las veces (en un proceso de venta) estarán reflejando deseos y necesidades inconscientes.

Otro factor que aporta a la confusión es que al preguntarle a una persona "¿Por qué tomaste X acción o decisión?" lo que escucharemos como respuesta será un listado de justificaciones racionales que pretenden hacer parecer su acción o decisión una elección inteligente. Muy difícilmente identificará las fuerzas inconscientes, instintivas y espirituales de las que hemos hablado como un factor decisivo. Vaya, comúnmente ni siquiera sabrá de la existencia de dichas fuerzas.

Por esto, uno de los errores novatos más comunes en el mundo de las ventas, es tratar de convencer con un listado de "únicos beneficios funcionales o característicos" de mi producto o servicio buscando establecer el "por qué soy yo la mejor opción".

Hagamos un ejercicio para comprender mejor

este punto. Imaginemos una situación en la que estás por elegir uno de dos equipos con los cuales colaborar. Digamos que eres un abogado y dos empresas igualmente prestigiadas quieren contratarte. Ambas con la misma oferta en cuanto a sueldo y prestaciones. ¿Qué líder o empresa elegirías tú de las opciones a continuación?

OPCIÓN 1

Estimado posible colaborador,

Por medio de la presente nos permitimos extenderle la oferta como Director Jurídico en nuestra empresa. Usted recibirá todas las prestaciones de ley y un sueldo de 5,000 dólares al mes. Somos la mejor empresa en su ramo, le asignaremos una oficina totalmente equipada con acabados de primera, aire acondicionado y un asistente personal. Al final del año contará con bonos especiales. Esperamos su respuesta.

Atentamente,

Director General

OPCIÓN 2

Señor (Guzmán),

Nos entusiasma mucho extenderle la invitación a

colaborar con nosotros como Director Jurídico en nuestro equipo. Como sabe, el contexto laboral actual es cada vez más competido y por lo tanto es muy difícil encontrar grandes oportunidades de trabajo.

Por esta razón, nos hemos dado a la tarea de crear oportunidades únicas con una atmósfera profesional donde lo más importante son los miembros del equipo. Así es como hemos logrado que los directivos más prestigiados y exitosos formen parte de nuestra gran familia. Y es por esto que lo buscamos a usted, porque conocemos su excelencia en lo que hace. Con nosotros no solo recibirá los sueldos más altos, sino que además depositaremos nuestra confianza en su gran capacidad y poder de decisión. De otra forma, no seríamos la empresa número uno en el ramo.

El sueldo que le ofrecemos es de $5,000 dólares al mes, más bonos especiales al final del año y con todas las prestaciones de ley. Contará con una oficina de lujo totalmente equipada y un asistente personal.

Sabemos que esta es una importante decisión de vida, e independientemente de cuál sea, le pedimos que en su elección considere el trato humano, la libertad de permitirle utilizar su talento y asegurarse de que la empresa con la que trabaja comparte su visión por hacer de este un Mundo mucho mejor y más inteligente.

Esperamos su respuesta.

Atentamente,

Director General

Como vemos, la oferta "racional" es exactamente la misma. Sin embargo, la segunda toca una serie de *Detonadores Emocionales, Instintivos* y *Espirituales* que la hacen mucho más convincente. Al final, la gran mayoría elegirá la segunda opción y posiblemente justificará su decisión con argumentos racionales como: "me gustó más la oferta", "tienen mejores oficinas", "están mejor ubicados", "me conviene más", etc.

La realidad es que presionamos los detonadores adecuados. Además del espiritual con la posibilidad de hacer un bien al *Todo*, los instintivos de *Liderazgo y Dominación, Poder, Pertenencia* y *Seguridad y Control*. También empujamos la liberación de un poco de noradrenalina y serotonina. Y finalmente terminamos con los beneficios racionales, mismos que son necesarios, pero no los más poderosos.

La primera opción solo integra la dimensión lógica. Muy probablemente, si solo tuviéramos esa opción la tomaríamos. Sin embargo, en el mundo contemporáneo tenemos cada vez más opciones en todo lo que podamos imaginar.

Ser la única opción es cada vez más improbable. Y por lo tanto, con el tiempo se vuelve más indispensable enriquecer nuestras ofertas, servicios, comunicaciones y todas las dimensiones de nuestra vida con *creatividad*, conexión con nuestra psique y *empatía*.

Lo mismo sucede en un contexto de mercados emergentes (nuevos) vs mercados maduros. En un extremo tenemos mercados donde los humanos comienzan a crear poblaciones o bien industrias que antes no existían (con productos y servicios nuevos) y por lo tanto habrá mayor demanda y menor oferta. O en otras palabras, menor o nula competencia. En ese contexto el racional será suficiente, "el producto o servicio se vende solo". A medida que avanzamos hacia la madurez habrá mayor competencia y por lo tanto la necesidad de creatividad, ©*Psico-Marketing*, comunicaciones y la creación de valor con diferenciadores claros también crecerá. La regla es muy sencilla, el competidor que integra todo esto en un mercado maduro es el que se llevará la mayor "rebanada del pastel".

**Necesidad de diferenciación
con Comunicación y Conceptos Creativos.**

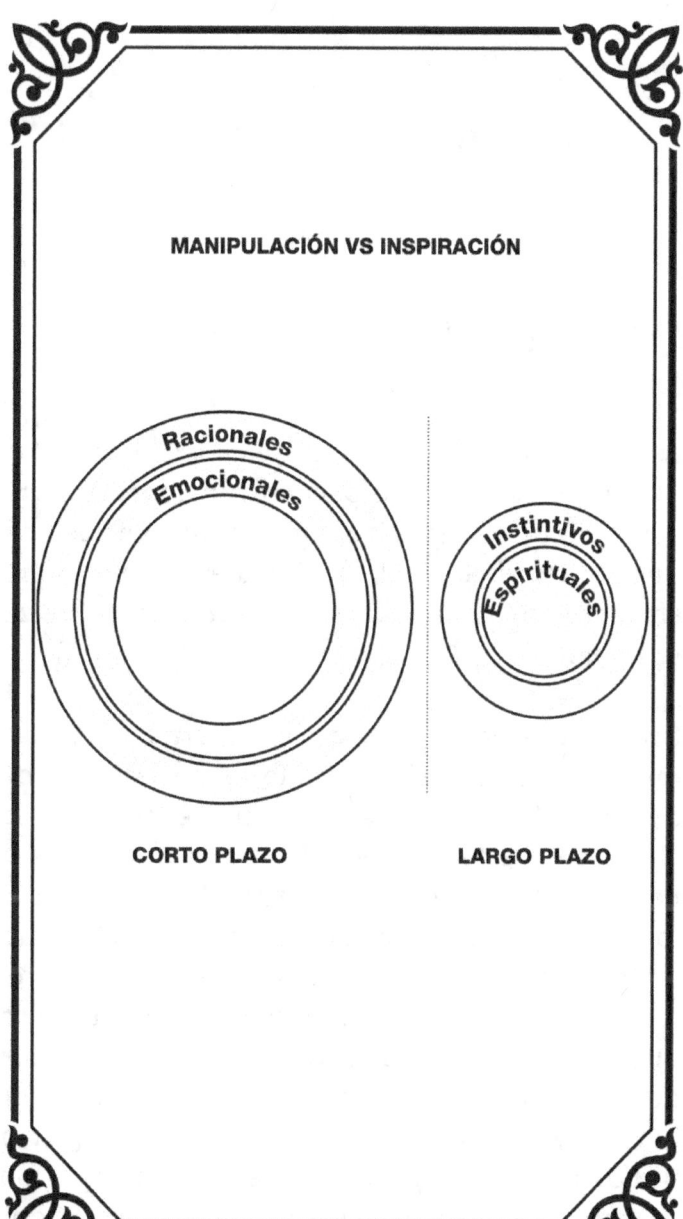

PRECIO Y PROMOCIONES

Racionales de Corto Plazo

Existe un atajo con los *Detonadores Racionales*. El peligro está en que pueden funcionar a corto plazo y por lo tanto podemos confundirlos con una táctica eficiente. La realidad es que no son ni eficientes ni sustentables. Son un buen refuerzo temporal.

Un claro ejemplo de dichas tácticas son las promociones agresivas: "¡Solo este mes 80% de descuento!". ¿Qué va a pasar con el número de clientes en este ejemplo? Va a subir. ¿Qué va a pasar con los ingresos? Es probable que suban si logran usar esa promoción como un gancho para la compra de otros productos y servicios. Pero, ¿qué va a pasar si esto lo hacemos cada mes y se vuelve nuestro diferenciador? El principal factor de decisión de tus clientes será el precio, y por lo tanto, el día que no castigues tu margen o utilidad con promociones agresivas entonces no te comprarán. Y el día que llegue un competidor con una oferta económica más conveniente te cambiarán sin pensarlo. En otras palabras, no es un esfuerzo eficiente ni sustentable.

En contraparte, ¿qué pasa si tienes una oferta de valor sólida basada en *Detonadores Espirituales, Instintivos* y *Emocionales*, y de vez en cuando lanzas una promoción agresiva para reforzar las ventas de un producto o servicio en particular? Entonces, reforzarás las ventas sin correr el riesgo de que el valor de tu marca y la lealtad de tus consumidores se pierdan por completo.

El truco está en utilizar estos detonadores como complemento en un universo lleno de valor que trasciende el plano lógico.

Otra táctica peligrosa es querer competir con precio. Ten mucho cuidado pues esto es una trampa sin salida. Precisamente por la misma razón. Si lo que te hace diferente es el precio, entonces cualquier competidor podrá vencerte fácilmente en cualquier momento.

En conclusión, revisa a fondo tu propuesta de valor y asegúrate de que tu carácter único toca todas las dimensiones del *Ser* de tu audiencia.

RESUMEN
©EL CÍRCULO DEL SER

Ahora que hemos comprendido las dimensiones de ©*El Círculo del Ser*, podemos revisarlo desde una perspectiva más amplia. Todo esfuerzo de comunicación que integre un análisis de este modelo multiplicará su poder.

Primero, comienza con el *Detonador Espiritual* haciéndote la siguiente pregunta: ¿Cuál es la razón de ser de mi marca, empresa, etc., y cómo contribuye al bien del *Todo*? Este propósito deberá ser honesto y nunca perderlo de vista, ya que su esencia vivirá en cada paso que tomes y será la llave para cruzar fronteras inimaginables.

Segundo, identifica los 3 *Detonadores Instintivos* más importantes para tu caso. Aquellos que, según tus fortalezas, son los que mejor puedes solucionar. Recuerda que cada uno de los *12 Detonadores Instintivos* atiende a fuerzas inconscientes y deseos por cumplir que nos mueven por evolución y supervivencia. También recuerda que nunca se sacian por completo.

Tercero, elige el neurotransmisor que se relacione mejor con tu oferta. Busca convertir tu marca en un ancla del *sentimiento* que produce su liberación. Esto se logra (como vimos con el "experimento de los perros de Pavlov") yuxtaponiendo situaciones que connoten dicho *sentimiento* en todas tus comunicaciones y repitiéndolas tantas veces como sea posible. En otras palabras, elige un *sentimiento*, asegúrate de que todos tus mensajes lo representen y repítelos con el mayor alcance y frecuencia posible. Eventualmente tu público experimentará ese mismo sentimiento con solo ver tu marca. Así precisamente es como *Coca-Cola* ha logrado convertirse en un ancla de "personas felices".

Cuarto, identifica una lista de ventajas racionales que posea tu oferta. Este recurso se convertirá en tu factor de cierre estrella. Una vez que hayas logrado que tus potenciales clientes deseen tu producto o servicio a nivel espiritual, instintivo y emocional, entonces solo tienes que darles la "excusa" para comprarte. Por ejemplo: "y por cierto, si lo compras hoy obtienes un 25% de descuento". Pero siempre recuerda, primero tienes que lograr conectar con los deseos inconscientes para entonces dar el último pincelazo con justificaciones racionales.

CONSONANCIA Y DISONANCIA INTRÍNSECA

Ahora, retomando la idea de que a nuestro *Ser* lo conforman cuatro diferentes "personajes" (las 4 dimensiones de ©*El Círculo del Ser*) que actúan de forma independiente y se encuentran a veces de acuerdo y a veces en desacuerdo, lo que queremos lograr con el ©*Psico-Marketing* es que actúen en equipo y de forma armónica hacia una decisión. A este estado le llamaremos *consonancia intrínseca*.

En otras palabras, en una *consonancia intrínseca*, los "cuatro personajes" deben cantar al unísono: "¡Sí, hazlo!". Nuestro *Ser Espiritual* debe estar convencido de que con esa decisión estará aportando de alguna forma a La Vida y a un *Todo* mejor. Nuestro *Ser Instintivo* debe estar convencido de que esa decisión está solucionando alguna de las necesidades de supervivencia genética. Nuestro *Ser Emocional* debe estar convencido de que esa decisión originará un *sentimiento* positivo. Y finalmente, nuestro *Ser Racional* debe ser capaz de tener alguna justificación lógica para argumentar que la decisión fue correcta.

Si cualquiera de estas dimensiones no está de acuerdo, entonces tendremos una *disonancia intrínseca*, y será más difícil que se tome una decisión.

Pongamos un ejemplo hipotético: quiero comprar un auto. Este nuevo modelo híbrido me permite crear menos emisiones de CO_2 y contribuir a un mundo más limpio (*Detonador Espiritual*). Además, está de moda y por lo tanto me permitirá ser parte de un grupo selecto afortunado (*Detonador Instintivo de Pertenencia*). También tiene más espacio y es 4X4, lo que me permitirá llegar a lugares nuevos y únicos (*Detonador Instintivo de Libertad y Descubrimiento*) y es tan lujoso que reafirmará mi posición de emprendedor exitoso, lo cual me permitirá ganar poder de negociación frente a distintas situaciones (*Detonador Instintivo de Liderazgo y Dominación*). Además de todo esto, el diseño me gusta tanto que el solo verlo y su olor a auto nuevo me producen una sensación de alta emoción y me llenan de energía (*Detonador Emocional* con noradrenalina). Y analizándolo bien, la ingeniería alemana es muy duradera y por lo tanto puede ser una excelente inversión a largo plazo, me va a dar menos problemas y "por suerte" si lo compro esta semana tengo acceso a un 10% de descuento sobre el precio de lista (*Detonador/Justificación Racional*).

Con una *consonancia intrínseca* de esta naturaleza,

¡vas a salir con un auto nuevo ese mismo día! De esto se trata el ©*Psico-Marketing*: no solo es contundente para un proceso de venta, sino para cualquier proceso de decisión humana. Como ya lo hemos establecido, comprenderlo y aplicarlo es un arma muy potente que debemos utilizar responsablemente.

MODELO MATEMÁTICO

Si pensamos en un modelo que nos permita comprender los valores de las distintas fuerzas que actúan en ©*El Círculo del Ser*, lo primero que tenemos que hacer es establecer los objetivos para definir el 100% y con eso poder calcular la efectividad de distintos escenarios.

Para esto, es importante comenzar con algunas ideas filosóficas perennes, ideas que trascienden el tiempo y las civilizaciones, ideas que parecen ser vigentes sin importar el cambio perpetuo de la realidad como la conocemos. Uno de los libros que mejor representan estos pilares ideológicos es el Bhagavad Gita (Easwaran, 2007). Con él me apoyaré para establecer por qué los *Detonadores Espirituales* son los más potentes y, por lo tanto, corresponden al máximo valor en nuestro modelo cuantitativo.

Detonadores Espirituales, valor: 4.

Racionalmente hablando y con respecto a lo que podemos observar, todo cambia, todo el tiempo, excepto la existencia del *Todo*, y por tanto nuestra conexión con él adquiere un nivel de importancia dominante.

¿Qué puede motivar a alguien a quitarse la vida en pro de una idea? Un *Detonador Espiritual*. Sin duda, estos pueden ser tan poderosos que son capaces de llevar a un ser humano a dar su vida por ellos. ¿Pero por qué sucede así?

Ya hemos establecido antes que, según la *Teoría del Gen Egoísta* de Richard Dawkins (2016), la evolución de la vida en la Tierra, así como la programación intrínseca de nuestras características y comportamientos como seres vivos, atienden a una razón principal: la supervivencia y reproducción del gen. El mismo Dawkins establece modelos matemáticos muy congruentes que parecen comprobar dicha teoría. ¿Pero entonces qué podríamos valorar más que la supervivencia y transcendencia de nuestros propios genes? La respuesta, desde mi punto de vista, es muy clara: nuestra comunión y empatía con La Vida entera y el "Todo". ¿Por qué? Porque nuestro propio *Ser*, gen, espíritu o como queramos llamar a estas abstracciones individualistas, es parte del mismo *Todo* y por lo tanto protegerlo debería ser prioridad máxima. Es por esta misma causa que los mártires o los suicidas fanáticos están dispuestos a dar su vida: por lo que ellos consideran luchar por la conexión y bienestar de algo más grande.

Con base en este concepto es que se han desarrollado las más trascendentes religiones y sistemas ideológicos en la historia de la humanidad.

Y es por esta razón que en este modelo estableceremos como fuerza principal a los *Detonadores Espirituales* y les asignaremos un valor de 4, que representa el máximo valor en una escala del 1 al 4.

Dar un valor numérico a cada dimensión nos permitirá comprender mejor la influencia de una comunicación que toca todos, algunos o solo uno de los detonadores en ©*El Círculo del Ser*.

Ahora, con el fin de fundamentar mejor este valor, permítanme presentarles algunas ideas fascinantes del mencionado libro *Bhagavad Gita* (Easwaran, 2007).

Krishna, el personaje que representa al *Todo* en un diálogo con Arjuna (el héroe), le dice: "Yo soy el ser en el corazón de cada criatura, Arjuna, y el principio, el medio y el fin de la existencia." El llamado *Todo* no solo es el mundo molecular o físico que conocemos, no solo es el tiempo en pasado, presente y futuro, sino también todo aquello que no somos capaces de identificar por nuestros limitados cinco sentidos. En ese mismo

Todo existimos en cuerpo y mente, como seres individuales y como grupo, protegerlo es parte de nuestra esencia más profunda y por eso nos causa tanto interés.

"*Moksha*" es el objetivo supremo en el Gita y se trata de la búsqueda de nuestro propio *Ser* por entender que somos parte de ese *Todo* y así poder regresar "conscientemente" a él.

Este fin es tan importante porque parte de la idea de que en un mundo en *flux* (cambio) constante se encuentra una realidad a la que debemos nuestra lealtad y nuestra misma existencia, que es infinita e indivisible, en la que todos los datos del universo se unen: el Brahma. En otras religiones o ideologías se le ha llamado Dios, Alá, Cosmos, etc. En este libro le llamamos el *Todo*.

El que comprende que el mundo de nuestros sentidos es real pero que se trata de un espejismo que presenta la unidad como multiplicidad, entonces adquiere un mucho mejor entendimiento de su propio *Ser* y lo dota de un estado de bienestar que transciende a las sensaciones placenteras que nos ofrece el propio cuerpo físico. Por eso es que estos *Detonadores Espirituales* son tan poderosos.

Otro punto básico en el Gita es la *Ley del Karma*,

misma que propone que la vida es una red de interconexiones y por lo tanto cada evento tiene tanto causa como efecto. También es fundamental considerar esta idea para visualizar de dónde viene el poder de un *Detonador Espiritual*: si hago bien al *Todo* me haré bien a mí mismo en su forma más trascendente en tiempo y espacio.

Este principio, si bien podemos lograr asimilarlo y actuar conscientemente en conjunto con él, también en la mayoría de sus manifestaciones lo hacemos de forma inconsciente. Tal y como la genética nos ha programado para actuar y sentir inconscientemente de ciertas formas alineadas con el objetivo de supervivencia del mismo; también aparentemente el *Todo* nos ha dotado de la fuerza que nos mueve hacia procurarlo de una forma aún más significativa.

Actuar conscientemente en consecuencia de dichas fuerzas requiere del desprendimiento del ego, o en otras palabras, de entender que nada existe por sí mismo y que la individualidad es una ilusión. No todos logran llegar a ese punto ya que requiere de mucha reflexión, y es por esto que la mayoría de las veces estas fuerzas nos mueven de forma inconsciente.

De hecho, las fuerzas instintivas actúan en sentido contrario, nos empujan a reafirmar el ego (a actuar en aparente individualismo en pro de la conservación del gen). Este es uno de los diferenciadores más extremos entre los *Detonadores Espirituales* y los *Detonadores Instintivos*, ambos actúan en aparente independencia porque ambos tienen objetivos diferentes, ¡pero también ambos son parte de nuestro *Ser* y de las fuerzas que nos motivan!

A este fenómeno se le llama "dualidad" en varios sistemas ideológicos. Comprender dicha dualidad es todo un reto que requiere de toda tu energía y reflexión.

O dicho en términos de ©*Psico-Marketing*, comprender las fuerzas que actúan en nuestras acciones y decisiones requiere de comprender que no somos un ente único sino una compleja red de fuerzas que generan deseos con objetivos distintos y que pueden organizarse para su mejor comprensión en *Espirituales, Instintivas, Emocionales y Racionales*.

Todas estas dimensiones representan la mencionada dualidad, un solo *Ser* compuesto por muchos elementos (que al principio del libro llamamos "personajes") y que a su vez son parte de un solo *Todo*. Pareciera ser paradójico pero en realidad es un concepto histórico muy armónico si se analiza a fondo.

Y para terminar este punto, ¿entonces qué fuerza pareciera ser la más poderosa? Con base en lo anterior, los movimientos masivos de la humanidad, y los registros históricos, aquella que aparentemente nos mueve hacia la unidad y protección del *Todo* y La Vida misma en todas sus expresiones: los *Detonadores Espirituales*.

Por esto le asignamos el valor de 4. Así que nunca olvides dotar tus esfuerzos de ©*Psico-Marketing* de un propósito que pudiera aportar un bien mayor, los llenará de un poder único.

Detonadores Instintivos, valor: 3.

El inicio de la vida en la Tierra es un gran misterio del cual tenemos cada vez más pistas. Pareciera ser un evento muy afortunado en el que muchos factores coincidieron para originar un resultado extraordinario. Al momento, la explicación biológica más aceptada es que en un principio el Planeta contenía una abundante mezcla de materiales químicos como agua, dióxido de carbono, amoniaco y metano. Mismos que en reacción con fuentes de energía (como podrían ser los rayos del sol, los volcanes y/o los relámpagos) crearon moléculas más complejas. En particular aminoácidos (los bloques que conforman a las proteínas).

Hasta este punto, este mismo proceso

ya se ha logrado replicar en laboratorio. Incluso, experimentos recientes que simulan estas condiciones, han encontrado la formación de sustancias orgánicas llamadas purinas y pirimidinas (las famosas A C T G) que son los bloques que forman la molécula genética o ADN.

En algún punto, una de estas moléculas se formó, tal vez por accidente, y logró algo muy especial: replicarse y crear copias de ella misma. Al crear estas copias, algunas esporádicamente tuvieron "errores de copiado" lo cual dio lugar a la existencia de una variedad de moléculas capaces de autoreplicarse. Y resulta que al ser diferentes, algunas tuvieron mayor probabilidad de supervivencia y se hicieron más abundantes y más complejas. Con el paso del tiempo (millones de años) la diversidad se hizo mayor (porque hubo más "errores de copiado") y sobrevivieron solo aquellas mejor adaptadas con: 1) tiempos más largos de vida, 2) mayor velocidad de copiado y 3) mejor calidad de copiado. En otras palabras, surgió la *selección natural* y lo que conocemos como la *Teoría de la Evolución* de Darwin.

Los grupos de moléculas se hicieron tan complejos que dieron paso a lo que conocemos como "seres vivientes", y se desarrollaron bajo el mismo principio de *selección natural*: los sobrevivientes son los mejores adaptados. Como diría Richard Dawkins (2016), los "seres vivientes" nos convertimos en las "máquinas de supervivencia" de los genes. Y, ¡oh sorpresa! estamos programados por ellos para actuar de la forma más probable posible para reproducirnos y sobrevivir.

En palabras de ©*Psico-Marketing*, los *12 Detonadores Instintivos* son las fuerzas intrínsecas establecidas por nuestros genes que nos han ayudado a sobrevivir y reproducirnos. Y de nuevo, la gran mayoría de las veces actúan de forma inconsciente en todas nuestras decisiones, todos los días.

En este punto vale la pena recordar que actualmente dicha programación, en el caso del ser humano moderno, se encuentra descontextualizada. Si las condiciones cambian radicalmente, estas "máquinas de supervivencia del gen" que somos, tendemos a cometer decisiones erróneas. Sin duda, las condiciones de vida del ser humano durante millones de años han cambiado drásticamente en los últimos 200 años y por lo tanto estas poderosas fuerzas que influyen en cada uno de nuestros movimientos y pensamientos nos llevan a tomar decisiones equivocadas. **Pero esto no quiere decir que no podamos retarlas en pro de tomar mejores decisiones.*

Una de las grandes pruebas de la *Teoría del Gen Egoísta* (Dawkins, 2016) es lo que ocurre en las colonias himenópteras, como las hormigas y las abejas. Según propone el biólogo William Hamilton (1964) con su *Teoría de la Selección de Parentesco*, estas especies cuentan con hembras que renuncian a su propia reproducción en pro de mejorar la posibilidad de supervivencia de sus propios genes.

Explico brevemente, dado que todas las hembras himenópteras comparten el mismo esperma del padre, sus genes son 75% iguales (vs 50% con sus posibles hijos-hijas). Entonces, lo que ocurre es que matemáticamente hablando, para ellas la forma más eficiente de propagar sus genes es teniendo más hermanas y no hijas o hijos. Resulta que en la realidad, justamente eso es lo que ocurre, una reina himenóptera tiene 3 veces más hijas que hijos; y una hembra (no reina) tiene muchas hermanas con las que comparte el 75% de sus genes y con una proporción de 3 a 1 frente a sus hermanos con los que solo comparte el 50% de sus genes. En este caso, la supervivencia del gen es la prioridad contra la reproducción del "ser vivo" individual.

Con base en todo esto, podemos concluir que la evolución del gen en pro de sobrevivir y reproducirse regula a nivel instintivo nuestras decisiones y movimientos.

Y es por esta razón que les daremos a los *Detonadores Instintivos* un alto valor de 3. Solo superados por la importancia de la conservación y bienestar del *Todo* con los *Detonadores Espirituales*, ya que finalmente los mismos genes no existirían sin su presencia.

Detonadores Emocionales, valor: 2.

Los neurotransmisores, al producirnos diferentes *emociones* y *sentimientos*, son una de las herramientas más poderosas que tienen los genes para regular los movimientos de sus "máquinas de supervivencia" (también conocidas como seres humanos).

Como hemos planteado previamente, la mayoría de ellos actúan como un "programa de recompensas" que incentiva ciertas decisiones.

La forma en que funcionan estos incentivos en nuestro cerebro responde a un contexto muy amplio; sin embargo, la neurología nos ha permitido comprenderlo cada vez mejor.

Dicho de otra forma, nuestra programación genética regula nuestras acciones haciéndonos experimentar diferentes *emociones* y *sentimientos*, placenteros o desagradables.

Dichas recompensas emocionales pueden convertirse fácilmente en una adicción y, por lo tanto, generar que busquemos constantemente aquellos estímulos que las provocan. Por esta razón, desde el punto de vista del ©*Psico-Marketing*, el resultado deseado es lograr hacer de una marca o producto un *estímulo emocionalmente competente* (EEC) (Damasio, 2016) que dispare la liberación de los neurotransmisores que nos hacen sentir bien.

Dado que estos efectos son pasajeros y fáciles de satisfacer a corto plazo y además se encuentran inmersos en la superficie neuronal-biológica y no en la profundidad psicológica, es que le daremos a los *Detonadores Emocionales* un valor de 2.

Detonadores Racionales, valor: 1.

Todo lo que deseamos a nivel espiritual, instintivo o emocional encontrará una justificación racional.

Nuestra capacidad de autoengaño, negación y justificación es increíblemente amplia. Incluso, somos muy hábiles y rápidos para encontrar estos argumentos lógicos, aun "sabiendo" que no es lo correcto. La capacidad racional es una herramienta evolutiva diseñada para tomar decisiones rápidas fuera del marco de códigos instintivos programados durante miles de millones de años cuando se encuentran descontextualizados y se tornan autodestructivos. Sin embargo, lo que sucede normalmente en la práctica es que los *Detonadores Racionales* se ven eclipsados por los *deseos instintivos*.

Me explico mejor. Consideremos la clásica situación del niño que prefiere ver la televisión en lugar de estudiar. ¿Por qué ocurre esto? ¿Por qué la mayoría no prefiere estudiar si eso es lo "mejor"? Una de las indudables razones es que el ser humano está diseñado por supervivencia para ahorrar energía; pensar requiere mucho esfuerzo y por lo tanto el cuerpo humano busca no pensar (no estudiar) y prefiere una acción que requiere del mínimo de su energía y el máximo de estímulos rápidos (ver la televisión).

La escuela pedagógica clásica integra estímulos externos (positivos y negativos) que motivan a los niños a estudiar, como recibir una felicitación de sus padres y maestros, o bien reprobar y recibir un regaño. Claramente muchas veces esos no son estímulos suficientemente poderosos, pero ese no es el punto. Lo interesante es que el niño sabe racionalmente que lo "mejor" para él es luchar contra el instinto de ahorro de energía y ponerse a estudiar, pero aun así no lo hace.

Este ejemplo nos demuestra a la inversa que los *Detonadores Racionales* son normalmente los más débiles. "Hacer comúnmente lo lógicamente correcto" en contra de los instintos y las emociones es fundamentalmente un ejercicio deontológico heroico que requiere de un ser humano excepcionalmente virtuoso.

También hemos dado ya muchos ejemplos de justificaciones racionales que inventamos para convencernos a nosotros mismos y a los demás sobre la "necesidad" de satisfacer nuestros deseos instintivos y emocionales; en ocasiones incluso con pleno entendimiento de que irán en contra de nuestro propio bienestar.

Por lo anterior, a los *Detonadores Racionales* les daremos el valor más bajo: 1.

MODELO DE VALORES

Como mencioné en el capítulo anterior, el bien del Todo es el fin último porque parece ser la fuerza que ha movido más colosalmente a la humanidad y, sin él, no existiría nada más. Por esto, los *Detonadores Espirituales* tienen el máximo valor de 4.

Basándonos en este indicador, podemos deliberar si la combinación de detonadores en el caso de una *disonancia intrínseca* será lo suficientemente poderosa.

Entendiendo toda esta explicación previa, el modelo se vuelve muy simple. Todas las combinaciones que sumen 4 o más tendrán la fuerza suficiente para tener la probabilidad de mover masas.

MODELO DE VALORES DEL CIRCULO DEL SER	ESPIRITUAL (4)	INSTINTIVO (3)	EMOCIONAL (2)	RACIONAL (1)
PODEROSOS				
Valor 10	X	X	X	X
Valor 6		X	X	X
Valor 5		X	X	
Valor 4		X		X
Valor 4	X			
DÉBILES				
Valor 3		X		
Valor 3			X	X
Valor 2			X	
Valor 1				X

Valores:

Detonador Espiritual
Fusión y empatía con el *Todo*.
Valor: 4

Detonador Instintivo
Supervivencia genética
Valor: 3

Detonador Emocional
Sentido de bienestar
Valor: 2

Detonador Racional
Sentido lógico
Valor: 1

Combinaciones Poderosas:

Consonancia Intrínseca
(todos los Detonadores)
(el más poderoso)

Valor: 10

Detonador Espiritual + cualquier otro
Valor: 5, 6 o 7

Todos menos el Detonador Espiritual
Valor: 6

Detonador Instintivo + Detonador Emocional
Valor: 5

Detonador Instintivo + Detonador Racional
Valor: 4

Solo Detonador Espiritual
Valor: 4

Combinaciones Débiles:

Solo Detonador Instintivo
Valor: 3

Detonador Emocional + Detonador Racional
Valor: 3

Solo Detonador Emocional
Valor: 2

Solo Detonador Racional
Valor: 1

©EL CÍRCULO DEL SER Y LAS IDEAS FREUDIANAS

Sigmund Freud, indiscutiblemente, ha sido un personaje revolucionario en la psicología y nuestro entendimiento sobre el pensamiento humano. Destacó por su modelo estructural del ser, que divide en *id*, *ego* y *superego*.

Propone que el *id* es responsable de fuerzas impulsivas que nos mueven en la búsqueda del placer, comparándolas con las fuerzas que mueven a los animales. Relacionado con el ©*Psico-Marketing*, esta área corresponde a los *Detonadores Instintivos*, que no solo nos impulsan hacia la búsqueda del placer sensorial, sino también hacia una serie de deseos que obedecen a la supervivencia y reproducción genética. Es importante mencionar que satisfacer cualquiera de estos *deseos instintivos* sí provoca un *sentimiento* positivo, que podría asociarse a una forma de placer no sensorial.

Sobre el *ego*, Freud lo describe como una colección de funciones regulatorias que mantienen bajo control los impulsos del *id*. En el ©*Psico-*

Marketing, esta dimensión corresponde a los *Detonadores Racionales*, pero ampliamos el enfoque y observamos que no solo regulan los deseos inconscientes, sino que muchas veces justifican dichos deseos.

Es relevante destacar que nuestra capacidad racional regula los *deseos instintivos* y *emocionales* hasta cierto límite, hasta donde el individuo considera "socialmente aceptable". Fuera de estos límites, los *Detonadores Racionales* pueden volverse muy potentes; sin embargo, dentro de dichos límites, suelen ser los más débiles.

Finalmente, el *superego* de Freud representa un conjunto de valores morales, comúnmente definidos por las relaciones paternales, que también intentan regular las fuerzas crudas del *id*. En este contexto, los *Detonadores Espirituales* serían una dimensión representativa en ©*Psico-Marketing*: nuestro "yo" ideal o "súper-yo", que se preocupa no solo por sí mismo, sino también por el bienestar del *Todo*.

Freud identificó claramente el conflicto entre estas diferentes partes del *Ser*. Su teoría del psicoanálisis resalta los beneficios de hacer conscientes estos conflictos. Identifica los problemas mentales que estas inconsistencias pueden provocar, abriendo una "Caja de Pandora" de corrientes de pensamiento psicológico que surgieron de estas ideas fundamentales. Usaba analogías militares para describir que una parte de la mente estaba en guerra con otra. De manera similar, en ©*Psico-Marketing*, propongo que lograr una idea que concilie todas las partes y dimensiones genera la fuerza más influyente sobre las decisiones humanas a nivel individual y colectivo.

Otra gran aportación de Freud fue identificar la existencia del inconsciente y su profunda influencia sobre nuestras acciones, decisiones y pensamientos. Aunque es posible hacer consciente el inconsciente, y pareciera que nuestro ser consciente es el que principalmente rige nuestra vida, la realidad es otra. Lo que logramos llevar al reino de la lógica y la neocorteza es solo la punta del iceberg. Muchos estudios han demostrado que el inconsciente es mucho más profundo y abundante. Por ello, identificar y abordar los *Detonadores Espirituales*, *Instintivos* y *Emocionales* que actúan a nivel inconsciente, en términos freudianos, representa la herramienta más poderosa en la "guerra" de la mente humana.

©EL CÍRCULO DEL SER Y LAS IDEAS POST-FREUDIANAS

"Aunque nos experimentamos a nosotros mismos como singulares, de hecho operamos a través de múltiples organizaciones individuales." "Sullivan introdujo una visión del ser organizada y dividida horizontalmente, con áreas incompatibles separadas por procesos disociativos."

—Stephen A. Mitchell y Margaret J. Black

Existe una gran variedad de ideas y pensadores que han evolucionado los fundamentos freudianos buscando una actualización moderna. En estos esfuerzos, cabe destacar la integración de la idea del "multi-ser" y la desindividualización de la psique. Al igual que Einstein desafió las ideas absolutistas de la física de Newton, las nuevas escuelas de psicología más interesantes adquieren un carácter relativo.

Después de todo, ver al *Ser* como un solo objeto simple y estático implicaría no entender nada sobre el tema.

Asimismo, es importante mencionar que las nuevas ideas han introducido una gama mucho más amplia de impulsos inconscientes que mueven al ser humano. Freud se habría enfocado principalmente en los impulsos sexuales y la agresión. Ahora podemos darnos cuenta de que hay muchas más necesidades psicológicas que nos mueven consciente e inconscientemente, tal como lo hemos visto con el modelo de ©*El Círculo del Ser*. Entre otros autores contemporáneos que han ayudado a reforzar las ideas del modelo y realizado contribuciones importantes al mundo de la Psicología, Mitchell et al. (2016) marca una lista de algunos de los más relevantes:

Melanie Klein (1882 - 1960)

Para ella, el desarrollo infantil se da con base en la batalla por satisfacer sus necesidades. Propone que todos nacemos con ansiedades psicóticas causadas por los instintos, las cuales pueden ser controladas y contenidas con un buen trabajo de paternidad.

En relación con el ©*Psico-Marketing*, encontramos una coincidencia muy importante: la ansiedad (o miedo) que genera la posibilidad de no solucionar nuestras necesidades (o deseos) instintivos. Esto, sin duda, no sucede solo en el desarrollo infantil, sino a lo largo de toda la vida del ser humano. En este sentido, la óptica del estudio psicológico se centra en la comprensión de trastornos mentales para evitarlos y curarlos. Pero, dando un giro de noventa grados, de lo que se trata el ©*Psico-Marketing* es de identificar las fuerzas que nos mueven hacia una acción o decisión. Y es claro que gran parte de esas fuerzas atienden a buscar satisfacer nuestros deseos e impulsos instintivos, en la mayoría de los casos, de manera inconsciente.

W.R.D. Fairbairn (1889 - 1964)

Fairbairn desarrolló una visión amplia de la psique humana. Plantea que, aunque la mayoría de nosotros nos percibimos como un ser individual y continuo, la realidad es que estamos estructurados por múltiples y discontinuas partes. Diferentes "yo" con distintos objetivos, puntos de vista, necesidades, deseos, miedos, etc.

¿Les suena familiar con lo que hemos estado explorando en este libro? Definitivamente sí. Aquí he propuesto 4 diferentes "personajes" que atienden a cada dimensión de ©*El Círculo del Ser* (*espiritual, instintivo, emocional y racional*). Este modelo con 4 elementos estructurados por sus objetivos es muy útil para organizar y comprender las fuerzas que nos mueven; sin embargo, diría que la realidad es aún más amplia. Es decir, aparentemente tenemos muchos más de 4 "personajes" que además cambian con el tiempo. No es lo mismo cómo actúa y qué piensa el "yo" frente a nuestra madre, que frente a un amigo o un enemigo. No es lo mismo el alter ego que decido diseñar para una red social digital como *Facebook* que para otra profesional como *LinkedIn*. Tal como sugiere Fairbairn, nuestro "Yo" y nuestra relación con el mundo exterior son directamente moldeados por nuestras relaciones interpersonales.

Al analizar esta idea, y con el fin de no perdernos en un abismo de posibilidades infinitas, lo importante es considerar que las fuerzas de ©*El Círculo del Ser* pueden cambiar según el contexto, las personas presentes en el espacio de la persona en un momento dado y con el tiempo.

Aquí es donde se vuelve muy útil diseñar un esquema cronológico que he llamado *Camino de la Acción*. Este trata simplemente de establecer las variables de ©*El Círculo del Ser* en diferentes puntos del tiempo/proceso que lleva a una acción. Por ejemplo, definir qué *Detonadores Instintivos*, *Emocionales* y *Racionales* (los *Espirituales* no deben cambiar) afectan más fuertemente en el momento que, por ejemplo, 1) alguien pregunta por un producto o servicio vía internet, 2) conversa con un representante vía telefónica, 3) comenta con su familia, 4) asiste a la sucursal. Si somos impecables con este ejercicio, entonces identificaremos la fuerza más poderosa de cada dimensión del *Ser* en cada punto del proceso y eso es precisamente lo que comunicaremos en cada etapa. Así, las probabilidades de éxito se multiplicarán exponencialmente.

Heinz Kohut (1913 - 1981)

Una aportación valiosa de Kohut fue el complementar el concepto de "normalidad" de Freud, que se relacionaba con nuestra capacidad de amar y trabajar. Kohut extendió este concepto al considerar que también es esencial la posibilidad de sentirnos orgullosos y plenos por nuestra capacidad de amar y trabajar.

¿Por qué esto resulta tan relevante? De poco nos serviría ser personas buenas, productivas, bienintencionadas y trabajadoras si eso no nos hace sentir bien. Y eso puede ocurrir fácilmente si no tenemos un propósito mayor que dote de sentido a nuestras acciones. Por esta razón, la *Dimensión Espiritual* es tan poderosa; su energía puede convertirse en el eje rector de nuestras acciones. Luchar por un *Todo* mejor otorga sentido a nuestra capacidad productiva y creativa como seres humanos. Y proporcionar ese sentido a alguien es inmensamente impactante.

Además, Kohut fue responsable de llevar más allá el enfoque limitado del psicoanálisis tradicional sobre las necesidades derivadas de los impulsos sexuales y agresivos. Integró otras dimensiones y necesidades, como la *creatividad*, los *sentimientos* y la coherencia interna. Propuso que tenemos un "ser sano" cuando nuestros talentos y habilidades nos hacen sentir productivos y con un propósito que nos llena de sentido.

Con miras a este objetivo, resulta especialmente útil comprender los detonadores que hemos propuesto. Comprender los *Detonadores Espirituales* para dotarnos de sentido, los *Detonadores Instintivos* y *Emocionales* para no ser esclavos de ellos y romper barreras hacia nuestro objetivo final, y los *Detonadores Racionales* para encontrar caminos prácticos y estructurados.

Hans Loewald (1906 - 1993)

Loewald es una de las figuras más difíciles de clasificar en el mundo del psicoanálisis moderno. Destacó un concepto fundamental freudiano: la *sublimación*, una representación simbólica de los impulsos instintivos que se disfrazan para poder ser socialmente aceptados.

Para Freud, las culturas son un producto directo de la *sublimación* (creación de simbolismos) de impulsos sexuales y agresivos infantiles. Para Loewald, dichos simbolismos adquieren una esencia propia, enriquecida por la experiencia y diferente al impulso instintivo original.

La *sublimación* es especialmente primordial en el ©*Psico-Marketing* porque nos ayuda a darnos cuenta de que toda comunicación efectiva (ya sea verbal, gráfica, olfativa, gustativa, etc.) debe conectar simbólicamente con impulsos internos (*Detonadores*). Además, dichas comunicaciones obtendrán una esencia única que tendrá sus propias connotaciones dependiendo del contexto. Saber leer dichos simbolismos es clave para comunicar un mensaje y depende del entendimiento de cómo afectan los *Detonadores* a nivel productor-creador-comunicador y a nivel receptor del mensaje.

Como veremos en el capítulo dedicado al valor simbólico, todos los objetos e ideas están llenos de subtexto que significa mucho más que el objeto o idea en sí.

Jacques Lacan (1901-1981)

Lacan fue un gran defensor del poder de la comunicación y un artista que entendió la importancia de la percepción y cómo podemos transformarla con el lenguaje.

Lacan identifica la gran diferencia entre lo que se dice textualmente y lo que realmente significa lo que decimos. Según su punto de vista, una de las grandes aportaciones de Freud fue la asociación libre, técnica por la cual el psicoanalista descubre los verdaderos significados de lo que dice el paciente. A lo que dice literalmente, que normalmente refleja sus deseos inconscientes, lo llama la "palabra vacía"; y a lo que realmente se debe en una estructura simbólica más profunda lo llama "palabra plena".

En términos de ©*Psico-Marketing* (y ya lo hemos complementado con muchos ejemplos en el capítulo de los *Detonadores Instintivos*), la "palabra vacía" son todas esas justificaciones racionales que inventamos para argumentar las decisiones que realmente nos llevan a solucionar alguna necesidad inconsciente; misma que se encuentra en la *Dimensión Racional*. Y la "palabra plena", que se encuentra en las *Dimensiones Espirituales*,

Instintivas y *Emocionales*, es la interpretación de lo que realmente significan esas justificaciones identificando a qué motivos inconscientes atienden.

Lacan también propone, en coincidencia con ideologías filosóficas orientales como el budismo, que la conquista de los impulsos o deseos inconscientes comienza por identificarlos y comprenderlos.

"El hombre puede bosquejar su situación en un campo compuesto por conocimiento re-descubierto solo si ha podido experimentar previamente los límites en los que, como el deseo, él se encuentra." - Jacques Lacan

Sin lugar a dudas, el poder más grande del ©*Psico-Marketing* y de la teoría freudiana se encuentra en identificar las fuerzas que actúan inconscientemente en cada uno de nosotros.

©EL CÍRCULO DEL SER Y LAS IDEAS SCHOPENHAURIANAS

Kant llama "*la cosa en sí*" a todo lo que va más allá del tiempo y el espacio y que, por lo tanto, supera nuestra propia comprensión. Schopenhauer (2012) admite esta idea pero propone que *la cosa en sí* se encuentra impregnada en nuestra *Voluntad*, esa fuerza misteriosa que mueve al mundo.

Comenzando por esta idea, es sumamente interesante identificar que el concepto de una realidad latente más allá de todo lo que podemos comprender ha tomado distintas formas a lo largo del tiempo en la civilización humana, incluso en escuelas tan racionales como la filosofía alemana.

En este libro lo he llamado el *Todo*; sin embargo, la palabra se queda corta, ya que su esencia tiene alcances mucho más distantes de lo que podemos comenzar a comprender. Si nos resulta un gran esfuerzo comprender cuatro dimensiones (tiempo y espacio), ¿cómo podríamos vislumbrar remotamente una quinta, sexta u octava dimensión? Mi única intención con este argumento es que logremos poner en proporción lo mucho que nos falta por comprender sobre el universo en el que vivimos.

Ahora, con respecto a ©*Psico-Marketing*, los *Detonadores Espirituales* interactúan con esta "realidad" que comprendemos tan poco. De alguna forma u otra, entendemos que hay algo mucho más grande de lo que podemos procesar, que somos parte de ello y que, por lo tanto, debemos protegerlo. Y por muy corto que sea el panorama que identificamos sobre este punto, todos podemos darnos cuenta de que todo se encuentra conectado con todo y por lo tanto, la mejora (evolución) y protección de ese Todo están íntimamente ligadas a nosotros mismos. De ahí viene la fuerza germinal de los *Detonadores Espirituales*.

Otra de las aportaciones invaluables de Schopenhauer (2012) es establecer que la aparente "libertad" humana se encuentra condicionada a fuerzas invisibles que llama la *Voluntad* (en alemán, *Wille*). Una clara antesala al inconsciente de Freud. ¿Será que dichas fuerzas son los *Detonadores Espirituales, Instintivos* y *Emocionales*? Ya hemos sugerido que los instintos (determinados genéticamente), las emociones y los sentimientos (como parte de un sistema neurobiológico) y la intuición sobre nuestra relación con el *Todo* (espiritualidad y conectividad subatómica) influyen muy fuertemente en todas nuestras decisiones y acciones; bien podrían considerarse "fuerzas externas invisibles" que nos mueven.

También me parece muy interesante el hecho de cuestionar tan contundentemente la verdad sobre nuestra aparente libertad de decisión, misma que no es ni remotamente clara: **si bien podemos decidir con base en lo que queremos, no podemos decidir lo que queremos.** Una gran paradoja que abre todo un acertijo sobre nuestro "libre albedrío" como seres humanos.

Finalmente, y por ser uno de mis autores favoritos, me permito exponer una última de sus grandes ideas. Decía sobre la *"Representación"* (en alemán, *Vorstellung*): "Procesos fisiológicos sumamente complicados en el cerebro de un animal que tienen como resultado la consciencia de una imagen ahí". En otras de sus palabras, la existencia relativa del tiempo, espacio y causalidad. Y en palabras de ©*Psico-Marketing*, nuestra percepción lógica de la realidad o *Detonadores Racionales*.

Schopenhauer aceptó magistralmente que la lógica humana es muy limitada y que existe todo un cosmos más allá. En el prefacio a la segunda edición de su libro *Die Welt als Wille und Vorstellung* (2012) (*El Mundo como Voluntad y Representación*), dice: "Nada se puede tener con solo dinero en este mundo más que mediocridad". Siempre con una fuerte crítica al materialismo que ha dominado a la raza humana, así es como desarma el poder de la percepción superficial de las cosas. También cita a grandes pensadores que asumen esta *"Representación"* como una ilusión pasajera: "Heráclito lamentaba el *flux* eterno de las cosas, Platón desesperadamente hablaba sobre 'el objeto que siempre se convierte pero nunca es', Spinoza lo llamaba 'meros accidentes de la sustancia'; el mismo Kant consideraba 'lo que conocemos de la *cosa en sí*, un simple fenómeno'; y por último el *maya* (lo que logramos percibir) del hinduismo que lo entiende como 'el velo de la decepción que cubre los ojos de los mortales'".

Críticas que entonan con la evidente debilidad de los *Detonadores Racionales* sobre los *Detonadores Espirituales*.

Termino este capítulo invitándote a que siempre veas más allá del horizonte aparente de los sentidos y de las trampas racionales que te juega tu mente. Abre tu consciencia hacia lo que puedes ver más allá de tus ojos y que se encuentra dentro de ti, identifica esas fuerzas que te mueven y tu mundo será tuyo.

*Nota: nuestra capacidad racional nos ha brindado increíbles avances en áreas como la salud, la tecnología, la filosofía, la ciencia y más. Sin duda ha

sido una herramienta que nos ha permitido lograr lo inimaginable. Sin embargo, también nos engaña todos los días para justificar nuestros impulsos más primitivos y justamente eso es lo que nos ha detenido en el camino hacia una evolución de consciencia mucho más grande y significativa.

©EL CÍRCULO DEL SER Y LOS "MEMES" DE RICHARD DAWKINS

"La transmisión cultural es análoga a la transmisión genética en tanto que, aunque de forma conservadora, puede dar pie a una forma de evolución." "Cuando morimos, hay dos cosas que podemos dejar atrás: genes y memes. Estamos construidos como máquinas genéticas, creadas para pasar nuestros genes. Pero ese aspecto de nosotros será olvidado en tres generaciones." "Sócrates puede o no tener un gen o dos vivos en el mundo al día de hoy, como G.C. Williams remarcó: ¿pero a quién le importa? Los complejos de memes de Sócrates, Leonardo, Copérnico y Marconi siguen caminando fuertemente."

- Richard Dawkins (2016)

Dawkins llama "memes" a las ideas. Una unidad de transmisión cultural o unidad de "imitación" cuyo nombre se deriva de la raíz griega *"mimeme"* o "cosa imitada".

Una de las grandes conclusiones de su obra maestra *El Gen Egoísta*, es que afortunadamente, como seres humanos, somos capaces de desafiar la programación genética y hacer prioridad la supervivencia y reproducción, no del gen, sino de otro tipo de replicadores llamados ideas (o "memes").

Esto es muy poderoso y esperanzador ya que nos libera de la aparente infranqueable programación instintiva a la que estamos todos condenados. Sin duda, debemos ser muy agradecidos por dichos instintos, ya que sin ellos no estaríamos vivos en este momento. Sin embargo, no se trata de una dictadura, sino de una oligarquía donde el trabajo en equipo nos permitirá un futuro mucho más justo.

Al igual que las primeras moléculas que lograron auto replicarse y "viralizarse" en una gran mezcla universal de elementos, las ideas también tienen una cualidad contagiosa que puede impregnar rápida y contundentemente a la humanidad entera.

No hay nada más poderoso que una idea. Y por esto es que debemos ser muy selectivos con ellas: ¿a ti qué ideas te forman? ¿tú qué ideas replicas y transmites? ¿ideas inteligentes y llenas de *empatía* por el bienestar individual y social? ¿o bien ideas egoístas que atienden a placeres inmediatos? Las ideas nos liberan y nos permiten ser lo mejor que podemos ser.

Así es como podemos desafiar a las fuerzas conscientes e inconscientes que nos mueven hacia acciones dañinas y fuera de contexto. Hoy más que nunca, por el bien de todos, debemos hacerlo. Entendernos a nosotros mismos y lo que nos mueve. Caer en cuenta de que somos seres complejos que no existen en unidad "por sí mismos". Que estamos conectados en tiempo y espacio. Que nos integran diferentes partes. Que podemos entender los *Detonadores Instintivos* y *Emocionales* para que no rijan nuestras acciones. Que los *Detonadores Espirituales* nos regalan la fuerza para un bien mucho mayor y que los *Detonadores Racionales* son una herramienta que podemos usar valiéndonos de la mayor cantidad de *información inteligente* y no solo para justificar deseos egoístas.

En otras palabras: **Conquistar nuestra vida y la de generaciones futuras con ideas compasivas llenas de visión para la evolución**.

IDEAS

COMPLEMENTARIAS

EL HUMANISMO LIBERAL

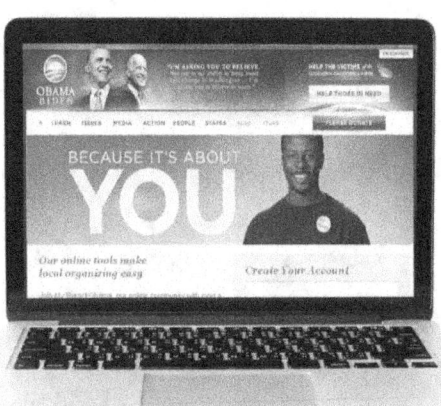

*imagen por Wikipedia

EL HUMANISMO LIBERAL

El hombre siempre ha buscado respuestas sobre la realidad en la que vive y sobre cómo llegar a ese misterioso estado que llamamos "felicidad". En las primeras civilizaciones, la fuente de información más importante eran los astros, ¿y cómo no serlo? Ellos podían decirnos qué dirección seguir, cuándo dormir, cuándo despertar, cuándo cosechar y mucho más. El máximo símbolo de autoridad era la astrología y sus intérpretes.

Alrededor del 2150 a.C., el gobernante sumerio Gudea de Lagash planeó los tiempos de la construcción de sus templos con base en ciertas constelaciones. Así, en culturas antiguas como Egipto, Persia, Mesopotamia y muchas más, todo tipo de decisiones importantes y efímeras se tomaban en relación con los astros.

El tiempo siguió su curso y la idea de un ser o seres "todo poderosos" que controlaban el Mundo comenzó a ser más poderosa que los astros. El héroe de las historias mejor estructuradas y mejor alineadas a la psique colectiva adquirió una naturaleza divina. Fue entonces que las sociedades teocráticas, sus religiones y sus textos sustituyeron al universo visible como fuente de autoridad y conocimiento. Por poner un ejemplo, en el año 380 d.C. bajo el mando del emperador Theodosius I, el Edicto de Thessaloniki formalizó al Imperio Romano como oficialmente cristiano.

Llegó después la Revolución Científica, y con ella, un nuevo orden de fe, la fe en el pensamiento lógico, nuestra esperanza de acercarnos a la "verdad" se depositó en una combinación entre la experiencia empírica y modelos racionales matemáticos. En el año 1543 d.C. Nicolaus Copernicus con su libro De *Revolutionibus Orbium Coelestium* situaba al Sol como el centro del universo y ya no a la Tierra. La ciencia habría destronado al mismo Dios.

Pero ahí no acaba el cuento, un nuevo paradigma social se veía en el horizonte, una idea romántica y muy conveniente se apoderaría del ser individual desde la raíz y daría pie a un orden mundial que se mueve con el hombre y sus experiencias como el centro del universo: el *Humanismo Liberal*. Ni las ideas de divinidades ni sus textos debían tener tanta autoridad ya que el mismo ser humano las habría inventado; y por lo tanto, la mente humana obtendría el máximo valor sobre todas las cosas. De pronto la fórmula para obtener respuestas y acercarse a la verdad y a la "felicidad" parecía ser una combinación entre experiencias y sensaciones. Después de todo, nuestra mente humana parece ser lo más poderoso que conocemos, ¿por qué no hacerle caso? Además, todo a nuestro alrededor parece reforzar esta idea: tú eres lo más importante y por lo tanto el centro del universo.

¿Será que cada ser humano puede ser el centro del universo? Las empresas te dicen "el cliente (o sea tú) siempre tiene la razón" porque saben que les ayudará a vender más. Los políticos te dicen "tú eres lo más importante" porque quieren tu voto. Tus padres te dicen "tú eres lo más importante en el Mundo" porque te quieren sobre todas las cosas.

Sin embargo, ¿qué pasará cuando las empresas o los políticos ya no nos necesiten? ¿Será que seguiremos "siendo" el centro del universo? ¿Será además sustentable para todos que sigamos destruyendo al Planeta, sus recursos, y a todos los seres vivientes por creernos lo más importante? ¿Es lógico pensar que existen más de 8 mil millones de "centros del universo", o sea de humanos?

Las consecuencias del egoísmo, hedonismo y materialismo radical de la sociedad contemporánea nos están respondiendo esta pregunta, y la respuesta es muy clara: solo se trata de una ilusión que atiende a conveniencias inmediatas externas. La realidad es que todo está conectado y somos parte de un *Todo* igual o más importante que el ser humano, ya que sin él, el hombre tampoco existiría.

Aquí es donde se vuelve muy interesante la corriente llamada *Dataísmo*. Propone que los entes que sean capaces de almacenar más información y procesarla serán los que tendrán las respuestas que nos permitan acercarnos más a la "verdad". Y resulta que estos entes ya no son solo los seres humanos, ahora los algoritmos y avances tecnológicos han superado nuestra capacidad de almacenamiento y procesamiento de información, por mucho. ¿Será que las máquinas y los algoritmos se convertirán en el nuevo centro del universo? Lo sabremos probablemente muy pronto.

Pero por ahora, con respecto al ©*Psico-Marketing*, es indispensable comprender que en los países capitalistas laicos modernos el paradigma predominante es el *Humanismo Liberal*. Todos nos consideramos "lo más importante". Entender esto es fundamental. Te dará la clave para caer en cuenta de que conectar con el ser humano contemporáneo promedio requiere de tratarlo como si el mundo realmente girara alrededor de él; eso es lo que cree y eso es lo que espera. El expresidente de los Estados Unidos, Barack Obama, lo identificó muy bien en su primera campaña presidencial cuando hizo popular el ahora famoso "*yes we can*" o "*it´s about you*" en su contienda demócrata interna del 2007. Ya no se trataba del político todopoderoso como lo más importante sino del ciudadano promedio como ser individual. Y vaya que tuvo buenos resultados.

Entonces, concluyendo este capítulo, recuerda que para coincidir con alguien más (al menos al día de hoy) es imperativo desprenderte de tu propio ego: tú ya no eres el centro del universo, sino el potencial cliente, votante, empleado, amigo, conocido o persona con el que buscas conectar. También, este ejercicio dotará a cada individuo, a sus comunidades y a la humanidad entera de un despertar sin precedentes. En verdad creo que desprenderse del ego con una visión mucho más amplia y empatía real hacia todo lo que nos rodea, no solo es un arma para vender o comunicar, sino necesario para una verdadera evolución humana. ¿Será que eso nos abrirá las puertas para un nuevo y mucho más poderoso y compasivo paradigma social que nos permita interactuar íntimamente con la verdad y la "felicidad" en el futuro?

CONNOTACIONES INCONSCIENTES & META-VALOR

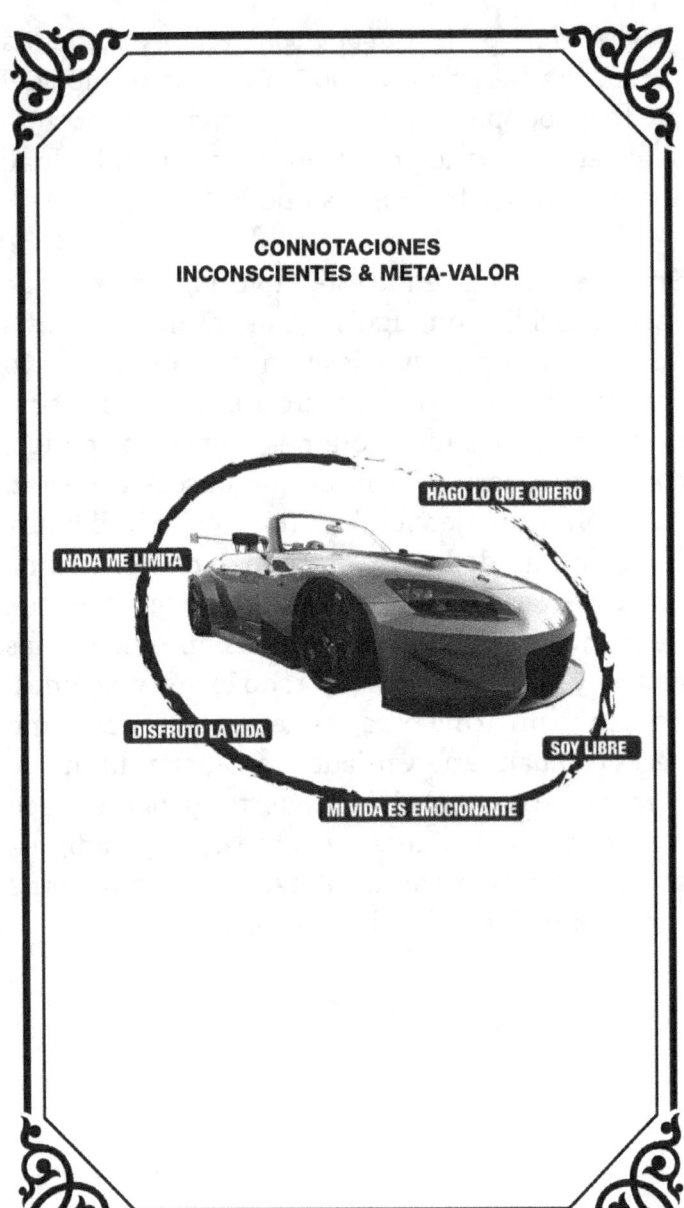

META-VALOR

CONNOTACIONES INCONSCIENTES

Absolutamente todos nuestros *pensamientos* provienen de una base profunda mucho más amplia que integra los reinos del consciente y del inconsciente.

La *palabra plena* de Lacan, la estructura profunda de Bandler y Grinder y la *sublimación* de Freud son solo algunos de los conceptos que consideran dicho fenómeno.

Nuestras ideas en un momento dado, tanto internas como las que externamos, son solo una parte de este fondo mental. En otras palabras: son únicamente la punta del iceberg.

Ver más allá del horizonte es una tarea difícil, pero necesaria. Vivimos en un mundo de ilusión, y no todo es lo que parece. Identificar lo que realmente significa algo en nuestra mente requiere de un esfuerzo reflexivo que considere todas las dimensiones del *Ser*. La pregunta relevante en este sentido es: ¿Qué *connotaciones inconscientes* tienen para mí los objetos, personas e ideas que consumimos?

Analicemos un caso muy sencillo, la compra de un automóvil convertible. ¿Qué significa realmente este objeto? Su valor racional es claro: se trata de una máquina con ruedas que nos permite movernos a altas velocidades y además es descapotable. Pero por otro lado, sus *connotaciones inconscientes* pueden integrar muchas cosas más:

Se trata de una extensión de mí que me permite desafiar límites, traspasar fronteras, sentir que todo es posible, que soy libre en todos los sentidos, que nada ni nadie me dice qué hacer, que estoy aprovechando al máximo mi tiempo en este mundo y que en la yema de mis dedos se encuentra un poder tan emocionante que me hace sentir vivo.

Lo llevemos al consciente o no, todas estas connotaciones son parte de mi idea de un veloz convertible. El objeto obtiene un *meta-valor* mucho más poderoso que el objeto en sí.

Y esto mismo sucede también con intangibles. Ya sea ideas, conceptos o servicios, están cargados de *meta-valores* que sobrepasan la concepción superficial de los mismos.

Un ejemplo de intangible es un viaje al Caribe. Su valor racional: un pase para abordar un avión que me llevará al Caribe y de regreso, más un pase para utilizar un espacio que me permitirá habitar ese lugar por unos días.

Y su posible *meta-valor*: una experiencia que me permitirá dotar de sentido mi vida, haciendo de ella algo emocionante por tener una de las vivencias extraordinarias que este mundo ofrece. Una escapatoria temporal de la rutina y la infinidad de problemas que tengo en el día a día. Una oportunidad de sentirme realmente libre y feliz.

Wow, ¡ya me dieron ganas de comprar un convertible y un viaje al Caribe! Todo cambia identificando y comunicando el *meta-valor*, ¿no es así? Pero ojo, porque también existe el *meta-valor* negativo.

Enaltecer y conectar con el *meta-valor* positivo requiere de un análisis muy crítico. Excava y considera cada dimensión de ©*El Círculo del Ser* y localiza connotaciones positivas que puedas reforzar. Lleva tu visión a territorios inexplorados (más allá de los racionales) con respecto a la idea u objeto con el que quieres conectar y coquetea con las fibras más profundas de la mente. Así, tus esfuerzos de comunicación se harán eficaces y mucho más colosales.

MIEDOS

Todos tenemos miedos. ¿Pero qué es el miedo? Desde un punto de vista psicológico, el miedo es lo que sentimos frente a la posibilidad de que no se cumpla algo que deseamos. Incluso una amenaza inmediata nos hace experimentar miedo frente al riesgo de perder algo que queremos. La relación entre miedos y deseos es muy íntima; no se puede entender uno sin el otro.

Hasta ahora hemos hablado de las necesidades que generan las fuerzas que actúan en las diferentes dimensiones que comprenden nuestro *Ser*. Deseamos consciente e inconscientemente cubrir nuestras necesidades espirituales, instintivas, emocionales y racionales, mismas que solucionamos con lo que hemos llamado *Detonadores* en ©*Psico-Marketing*. Por otro lado, los escenarios que presenten la posibilidad de no satisfacer estos deseos nos van a hacer sentir miedo.

Con esto podemos darnos cuenta de que todos tenemos una infinidad de miedos constantemente, y que por cierto son directamente proporcionales a nuestra cantidad de deseos. También, en ©*Psico-Marketing* he sido muy enfático en: 1) el poder de la *Dimensión Espiritual* y la importancia de dotar tus esfuerzos con un propósito que aporte al bien del *Todo*; y 2) la relevancia sobre el carácter honesto de tus acciones ya que el ser humano por naturaleza es muy intuitivo y hábil para identificar intenciones.

Dicho esto, les puedo compartir que con respecto a los miedos es primordial no crearlos, sino mitigar los ya existentes. Crear miedos para vender es, en palabras socráticas, muy injusto y va directamente en contra de nuestra *Dimensión Espiritual*. Por lo tanto, crear miedos conlleva el gran riesgo de presentar más problemas que soluciones y no ser sustentable más allá del corto plazo inmediato.

Crear miedos puede ser una aparente "salida fácil" para vender más. Sin embargo, se trata de todo lo contrario, ¡es una trampa! Lucharás contra corriente ya que tendrás como enemigo a la poderosa *Dimensión Espiritual* del Ser.

Alíate al movimiento natural del espíritu humano, lucha por un propósito noble con miras hacia la evolución y un *Todo* mejor. No crees miedos, mejor ofrece una solución a los tantos ya existentes. De esta forma todos tus esfuerzos tendrán mucho más y mejores resultados y satisfacciones.

Si logras ser contundente con tu capacidad de mitigar miedos (desde el punto de vista de los Detonadores Emocionales) vas a liberar endorfinas que van a crear una sensación placentera de protección y agradecimiento hacia tu proyecto y obtendrás el activo más valioso que puede tener una marca, empresa o individuo: lealtad.

¡INSPIRA CON ARTE QUE TOCA EL ESPÍRITU Y TU FUERZA SE HARÁ IMPLACABLE!

*imagen por Wikipedia

INSPIRA CON ARTE QUE TOCA EL ESPÍRITU

¡Comunicar es un arte! Al igual que la música, la pintura, la literatura y la escultura, comunicar cualquier idea en su mejor versión requiere de todo tu talento artístico. Si logras inspirar y elevar el alma humana, podrás tocar lo más profundo de los seres humanos y tu mensaje se hará altamente contagioso.

Para lograr esto, debes empezar por inspirarte a ti mismo. Repito, si no logras inspirarte a ti mismo primero, entonces no vas a inspirar a nadie. Tú eres tu mejor termómetro.

Esta batalla artística requiere de ciertas armas indispensables:

1- *Sensibilidad*

Convierte tus emociones en aliadas y no en enemigas. Comprende de dónde vienen y cómo se sienten psicológica y fisiológicamente. Ponte en contacto como nunca antes con ese cornucopio de emotividad que todos poseemos. Si quieres inspirar, tienes que hacer sentir, entender de dónde vienen y empezar contigo mismo. Por ejemplo, la meditación es una gran herramienta para este fin.

2- Apertura a cosas nuevas

No seas víctima de la ola del cambio. Renúevate o te quedarás en el camino. Por naturaleza, tendemos a actuar a la defensiva frente a lo nuevo que amenaza nuestra posición y rutina. ¡Es también una trampa! Nos falta aún muchísimo por conocer a nivel individual y como humanidad; acepta tu ignorancia e irónicamente tu vida se hará rica en conocimiento. Empieza por abrir tu mente a lo nuevo y diferente.

3- Vencer tus miedos

La primera barrera de cualquier ejercicio creativo o artístico es el miedo. Recordemos que el miedo es lo que sentimos frente a la posibilidad de que algo que deseamos no se cumpla o se pierda. Pero dejar que esa posibilidad limite nuestra visión y acciones significa limitar también nuestro potencial en todos los sentidos. De la misma forma, si bien las *emociones* pueden ser grandes aliadas, también pueden ser peligrosas cuando nos nublan la vista. En otras palabras, el desapego emocional (no solo con el miedo) es un elemento que multiplicará nuestra capacidad de creación.

4- *Fuerza mental y física*

Hay que decirlo fuerte y claro: todo empieza con fuerza mental y física; es la base de la pirámide hacia todo lo positivo (ver el modelo del Triángulo Fundamental que propongo en el libro *Creatividad: el arma más poderosa del mundo* (2019)). Y esa fuerza se desarrolla, no se adquiere por generación espontánea. Podrá sonar fuera de tema, pero no existe algo más fundamental: comer bien y hacer ejercicio diario es la única manera de adquirirla.

Comer bien: muchos alimentos altos en nutrientes (mundo vegetal), poco o nada de alimentos llenos de toxinas y bajos en nutrientes (procesados, carnes y lácteos) e hidratación suficiente (mínimo 3 litros al día).

Hacer ejercicio: Ejercita tus 8 grupos musculares todos los días. 7 días a la semana es mejor que 6, 6 es mejor que 5, 5 es mejor que 4 y así sucesivamente.

5- *Visión, con perspectiva e información inteligente*

Recuerda que el *commodity* (elementos que puedes comprar y vender) más valioso en la faz de la Tierra al día de hoy es la información. Pues resulta que, al igual que el dinero, la información es poder. Personalmente, nunca dejes de buscar aprender, adquiere un hábito diario de lectura y obtención de nuevos datos, así tu poder creativo y artístico se multiplicará. También, es muy conveniente sumarse a los esfuerzos de *Big Data*, es decir, almacena y organiza toda la información que obtengas. Eso es justo lo que hacen las empresas más ricas y poderosas del mundo al día de hoy.

Y por otro lado, la visión como perspectiva. Tal y como lo revisamos en el capítulo que habla sobre el Humanismo Liberal: escapa de la ilusión del ego. Libérate de la burbuja individual y observa al mundo desde fuera. Todo se ve mejor y más claro desde lo alto, entenderás muchas cosas que no lograrás identificar si te mantienes encerrado en una visión individualista limitada.

6- Creatividad

He dedicado a este tema, aunque breve, todo un libro: en *Creatividad: el arma más poderosa del mundo* (2019), propongo, entre otras cosas, la indudable relación entre creatividad y nuestra capacidad de adaptación al cambio constante e infinito.

De nada te servirá toda la información del universo si no eres capaz de procesarla y adaptarla al contexto presente. Mismo "presente" que por cierto es parte de un *flux* infinito que cambia cada instante. Y aquí es donde entra nuestra *creatividad*, nuestro súper poder humano de adecuar información en la línea de tiempo-espacio.

Entonces, acepta que la realidad cambia todo el tiempo. Será en pro de tu capacidad artística y en pro de todo tu ser que no solo te vuelvas parte del cambio sino que también seas creador del cambio.

7- *Empatía*

Y finalmente, cubriendo estos puntos esenciales para comunicar con arte que toca el espíritu, encontramos a nuestra capacidad de entendernos como uno con el *Todo*.

Ya lo hemos dicho mucho en este libro, buscar un *Todo* mejor es la fuerza más poderosa que actúa sobre el ser humano. Desafortunadamente no siempre estamos en contacto con esta fuerza, pero cuando lo hacemos nada puede detenerla, porque se encuentra latente en lo más recóndito de nuestro *Ser*.

Empatía para lograr entender que lo que hacemos por el *Todo* lo hacemos también por nosotros mismos, ya que somos parte de él. Y esta lucha inspira. Inspira individuos e inspira masas. Nada se entiende sin *empatía* porque estaremos cayendo en el pozo del sinsentido egoísta, creyendo que las cosas existen por sí mismas (incluyéndote a ti mismo) y estaremos ciegos frente a la clara realidad de que todo está interconectado.

Como lo dice Arthur Schopenhauer en su libro *El mundo como voluntad y representación, volumen I, segundo aspecto (2012)*:

"Y reconoce inmediatamente, sin razones ni argumentos, que el "sí mismo" de su propio fenómeno es también el de otros, la llamada voluntad-de-vivir que constituye la naturaleza interna de todo, vive en todos; de hecho, reconoce que esto se extiende incluso a los animales y a la naturaleza completa; entonces él no causará sufrimiento ni siquiera a un animal."

Entonces, parte elemental de nuestra capacidad artística y comunicativa es comprender que todo es uno y así ponernos en el lugar de los demás para lograr un universo mucho mejor para el hombre, el Planeta, los animales y todos sus seres vivientes.

¡Inspira con arte que toca el espíritu y tu fuerza se hará implacable!

Además de estas siete armas, vale la pena hacer un esfuerzo por comprender un poco sobre la visión de Schopenhauer (2012) y la música. Así lo comenta sobre este punto en el mismo libro:

"La melodía es siempre una desviación de la nota base a través de miles de ásperas divagaciones hasta el más doloroso desacorde. Después de esto, finalmente encuentra la nota base otra vez, lo cual expresa la satisfacción y compostura de la voluntad."

Dicho de otra manera, la música es tan sublime porque representa el ir y venir de las necesidades cubiertas y no cubiertas. La nota base representa ese punto en que resolvemos y nos llena el sentimiento de satisfacción. Pero para llegar a ese punto debe haber "miles de ásperas divagaciones" (infinitas, por cierto) de necesidades no solucionadas que nos llevarán finalmente a un final cautivador. Ese punto en el tiempo-espacio en el que todo se unió para un desenlace metafísico armónico.

¡A ese desenlace es al que debes llevar a las personas con tus comunicaciones en ©*Psico-Marketing*! Y solucionar en un punto del tiempo sus deseos espirituales, instintivos, emocionales y racionales con una forma artística que toca el espíritu.

CUENTA HISTORIAS

*imagen por Wikipedia

CUENTA HISTORIAS

No hay forma más efectiva de crear impacto con una comunicación que contando una historia. Pero contarlas es todo un arte también. Para entender los pilares fundamentales de una buena narrativa, echaremos mano del libro *Poética* de Aristóteles.

El primer punto básico es comprender que toda historia se trata de una imitación. Imitación de la "vida real", de nuestras experiencias, de nuestras interacciones, de nuestras percepciones y de nuestros miedos y deseos.

Otro punto importante es establecer que uno de los objetivos de las historias es que sean contadas y, por lo tanto, deben ser impactantes y recordadas. Para este fin se vuelve muy útil el recurso de la *hipérbole*: dotar de una grandeza extraordinaria a dichas imitaciones. Cómo Aristóteles (2016) menciona:

"Es manifiesto asimismo de lo dicho que no es oficio del poeta el contar las cosas como sucedieron, sino como debieran o pudieran haber sucedido, probable

o necesariamente." "Que por eso la poesía es más filosófica y doctrinal que la historia."

No tengas miedo de la imaginación, pues los hechos "reales" son igualmente imaginarios, ten en mente que tu tarea es cautivar al espíritu humano, no hacer un trabajo periodístico.

Otro recurso sumamente útil para llevar una narrativa al siguiente nivel es el uso de la *peripecia*. Ese punto en el que todo da un giro inesperado, un cambio de suerte. La hace aún más poderosa cuando también explica incógnitas previamente establecidas y deriva en la resolución del nudo argumental. En palabras de Aristóteles (2016):

"El reconocimiento más aplaudido es cuando con él se juntan las revoluciones."

Teje y dirige tu historia, por más larga o corta que sea, hasta un punto inesperado donde lograrás sorprender a la imaginación. Para lograr este impacto, toda historia necesita como mínimo un enlace y un desenlace. Enlace, desde el principio hasta el punto en que la "mala fortuna se convierte en buena fortuna" (o viceversa en el caso de las tragedias). Desenlace, desde ese punto hasta el final.

En Marketing normalmente tenemos solo algunos

segundos para comunicar una idea, con esta limitante es difícil visualizar historias y sus diferentes partes, sin embargo es posible contarlas con tan solo una línea o bien con tan solo una imagen. Para comprobarlo voy a inventar dos historias con enlace, desenlace, peripecia e ironía; en no más de dos líneas:

Historia 1:

"No creo en el inconsciente." Es lo que su inconsciente le obligó a creer.

Historia 2:

Terminó con su vida para escapar del destino. Ese era su destino.

Por último, recordemos que los objetos tienen meta-valores que generan significantes más allá del objeto mismo. Lo mismo sucede con las palabras y las ideas. Una sola palabra puede significar lo que se refiere en sí literalmente, pero también una serie de simbolismos sublimados. Esto último lo reconocía así Aristóteles (2016):

"La palabra es una de dos maneras: o porque significa una cosa sola o un complejo de muchas cosas."

Con esto quiero decir que, dado todo lo que puede

comunicar el subtexto, es posible contar historias incluso con una sola palabra:

INSPIRA.

CONCLUSIONES

Llegando así al final de esta colección de emocionantes ideas llamada ©*Psico-Marketing*, recopilo algunas notas concluyentes.

Información Inteligente

Recuerda que el *commodity* (bien o servicio que se compra y vende) más valioso en el planeta Tierra al día de hoy es la información. Nunca dejes de obtenerla, alimentarla y actualizarla. Te abrirá puertas que nunca habrías imaginado.

Segmento

Identifica bien las características demográficas y psicográficas del grupo de personas que es **más probable** que lleve a cabo la acción que estás buscando (comprar tu producto, votar por ti, sumarse a tu movimiento, etc.).

Identifica Detonadores

Ya que tienes claro con quién quieres conectar, identifica muy bien qué lo mueve a nivel consciente e inconsciente hacia esa acción que buscas. Determina específicamente *Detonadores Espirituales, Instintivos, Emocionales* y *Racionales* con respecto al contexto en espacio y tiempo.

Posicionamiento

Ya que tienes bien establecidos dichos detonadores, define, con base en ellos, lo que tú puedes ofrecer mejor que nadie. Esta idea única será tu *Posicionamiento* y deberás repetirla una infinidad de veces para que logre transmitirse.

Sé creativo

Llamar la atención y ser muy impactante con tu mensaje es igual o más importante que su contenido estratégico. Y solo tu capacidad de adaptar tu información al cambio constante e infinito que define tu contexto podrá con esta tarea. Eso precisamente, es ser creativo. No te dejes llevar por la ola del cambio, mejor deslízate con ella, y mejor aún: ¡crea tú la ola!

Para más detalle sobre este tema puedes referirte a mi libro anterior *Creatividad: el arma más poderosa del mundo* (2019).

Comunica con Medios Masivos
Alcance y Frecuencia

Ahora es momento de comunicar.

Si buscas mover masas, es de vital importancia entender la siguiente fórmula: <u>Debes llegar a muchas personas (*alcance*), muchas veces (*frecuencia*), con un mensaje correcto</u>

(_Posicionamiento_).

Recuerda que en la mente humana individual y colectiva la repetición de ideas crea realidades.

Comenzando por el *alcance*, ¿cómo puedo llegar a muchas personas? Realmente existen muchas formas. Al principio de las civilizaciones las ideas se compartían con pinturas rupestres y por medio de historias que se contaban de persona en persona y de pueblo en pueblo. Posteriormente, a través de la escritura. Y mucho más recientemente por medio de la propaganda y la publicidad. De hecho, uno de los esfuerzos más impactantes que hemos visto en la historia moderna es aquel que llevó a cabo el partido Nazi en Alemania; con propaganda estratégicamente diseñada lograron mover masas en sintonía con sus ideas.

Actualmente, los medios de comunicación masivos son los canales más utilizados para mover millones de personas hacia una acción. Este año (2020), las redes sociales han demostrado ser sumamente poderosas, en específico *Facebook*, un fenómeno realmente interesante con más de 2,000 millones de usuarios internacionales, y que además, se ha convertido en la base de datos más grande que ha visto la historia de la humanidad. Si hoy *Facebook* fuera un país, sería el más grande del Mundo.

En conclusión, sin importar qué medio utilices, lo importante es lograr medir su impacto: ¿Cuántas personas están recibiendo mi mensaje en un periodo de tiempo? Mientras más, mejor.

Y por otro lado, también es básico considerar la *frecuencia*. Definitivamente no es suficiente que tu mensaje llegue solo una vez. El cerebro va a retener solo aquellas ideas que reciba constantemente. A menos que, excepcionalmente, dicha idea cree un impacto emocional extraordinario. Entonces, es muy importante llegar a muchas personas, pero es igualmente importante llegar a ellas muchas veces.

Mide

Desata la venda que tienes en los ojos cuando no mides. Para tomar decisiones inteligentes, necesitas *información inteligente*, y para ello necesitas medir.

Actualiza

Acepta que el mundo cambia cada instante, lo que funcionó en el pasado muy probablemente no funcionará de la misma forma en el presente y mucho menos en el futuro. Actualiza tu estrategia completa constantemente; de lo contrario, caducará muy rápido.

Sé constante

¿Quieres construir un imperio? No se va a construir solo. Requiere de atención y alimentación diaria sin excepción. Alíate con la fuerza de la constancia; un pequeño esfuerzo llevado a cabo día a día se hará inmenso con el tiempo. En ©*Psico-Marketing*, al igual que con muchas otras cosas, sin constancia no lograrás nada.

Inspira y vencerás

No te conformes con dar un mensaje; busca hacer vibrar lo más íntimo del espíritu humano, toca su esencia, atrévete a cambiar mundos y percepciones, inspira con *empatía* y agradecimiento, pues vida solo hay una y no habrá un instante igual al otro.

¡No hay tiempo que perder! Motiva a todo tu *Ser* y al de los demás hacia un futuro y un *Todo* mucho más lleno de compasión e *información inteligente*.

Solo así podrás conquistar tu vida y todo lo que te propongas.

Nota final

El ©*Psico-Marketing* es una herramienta muy poderosa. Es imperativo utilizarla para bien, pues de lo contrario podría tener efectos negativos en ti, en muchas personas más y en lo que te rodea.

Sin embargo, si usamos el ©*Psico-Marketing* con un propósito noble, orientado al bien del *Todo*, entonces ganará mucha fuerza y será un gran aliado para una real evolución humana y universal.

POST SCRIPTUM

El ©*Psico-Marketing* es una herramienta que nos permite echar un vistazo a las profundidades del *Ser*. Busca fundamentalmente identificar cómo funciona y por qué aquello que nos motiva a una acción: los deseos.

Esto implica un ejercicio reflexivo que trasciende el mundo del marketing. En el transcurso de este libro, presenté principalmente un enfoque de negocios con el objetivo de realizar esfuerzos de promoción y comunicación eficientes. Sin embargo, ¿qué implica todo esto a nivel personal?

Esta es una pregunta que me hago continuamente. Todo comenzó con la misión de desarrollar estrategias comerciales para llevar campañas de publicidad al siguiente nivel, pero ha resultado en algo mucho más profundo.

Resulta que un ejercicio de marketing exitoso requiere comprender el proceso de decisiones humano, ¡y vaya que no es una tarea fácil! Pronto me di cuenta de que no existe una sola decisión que no sea producto de un deseo; y en el proceso de tratar de descifrar cómo operan los deseos, entendí algo muy especial: somos un *Multi-Ser* motivado por diversas fuerzas, que representan diferentes propósitos, que se originaron en distintos puntos de la evolución.

Para comprendernos a nosotros mismos tenemos que cruzar el umbral del ego que nos mantiene en una ilusión individualista llena de confusión y contradicciones. Reconocer que somos un *Ser* compuesto por diferentes sistemas y súper-sistemas, llena de congruencia lo que experimentamos como nuestra propia esencia. Esto mismo nos ofrece extraordinarias recompensas como controlar mejor nuestros deseos (que son la fuente de sufrimientos, satisfacciones y acciones), identificar nuestros orígenes, develar nuestra conexión con la vida misma, reconocer las razones de fondo de nuestros comportamientos y el de los demás, ¡e incluso encontrar sentido!

En otras palabras, nos permite percibir la importancia de la información inteligente, el autocontrol, la creatividad y la empatía para una real evolución individual y colectiva.

Con esta nueva intención, mucho más personal y con mayor atención en los fundamentos científicos y filosóficos que la respaldan, emprendí un viaje lleno de sorprendentes ideas en un nuevo libro que titulé *Multi-Ser - en busca de sentido*. Sin duda, sugiero este nuevo texto al lector de ©*Psico-Marketing* que quiera profundizar.

He integrado a la estructura conceptos nuevos de Física, Mecánica Cuántica y Filosofía en la *Dimensión Espiritual*, referencias específicas del Genoma Humano en la *Dimensión Instintiva*, ideas contemporáneas sobre Neurobiología de las emociones en la *Dimensión Emocional*, y nuevos modelos psicológicos sobre la memoria y nuestros procesos de representación mental en la *Dimensión Racional*.

Como un pequeño avance, puedo adelantarles que descubrirán una nueva perspectiva de ©*El Círculo del Ser*, donde encontramos a la creatividad como el ápice de la evolución humana ¡y como nuestra máxima herramienta para diseñar nuevos y grandes propósitos!

Recuerda, somos seres diseñados a nivel subatómico para proteger el *Todo* y a la vida en todas sus manifestaciones; a nivel genético para procurar la supervivencia y reproducción del gen; a nivel neurobiológico para encontrar *emociones* y *sentimientos* positivos; y a nivel racional para obtener argumentos lógicos que doten de sentido a nuestras representaciones. Todo colaborando al unísono para *resistir y prevalecer*. ¿Y para qué *resistir y prevalecer*? Tal vez, solo tal vez, para convertirnos en los creadores de nuevas e inimaginables posibilidades llenas de propósito y *empatía*.

¡Nos encontramos pronto!

GLOSARIO

*La siguiente sección corresponde a la semántica de la terminología utilizada en este libro con base en los modelos ©*Multi-Ser,* ©*Psico-Marketing,* ©*El Círculo del Ser* y ©*El Árbol del Ser.*

Alcance - número de veces que se ha expuesto una comunicación o campaña en un lapso específico de tiempo. Puede referirse a "veces" o "diferentes personas".

autocontrol - la capacidad de hacer conscientes los deseos y controlarlos.

branding - esfuerzo dedicado a la creación de *valor de marca* definido por su nivel de reconocimiento y su *Posicionamiento.*

Camino del héroe - término acuñado por Joseph Campbell para definir la estructura básica de gran cantidad de relatos épicos de todo el mundo. Representa un viaje iniciático con marcadas etapas evolutivas y que refleja elementos del *inconsciente colectivo.*

connotaciones inconscientes - pensamientos pertenecientes a la *estructura profunda* que influyen en nosotros pero no se hacen conscientes.

Consonancia Intrínseca - alineación de las Cuatro Fuerzas (*Dimensión Espiritual, Instintiva, Emocional* y *Racional*) en común acuerdo.

creatividad - el ápice de la evolución, capacidad de ser conscientes de la consciencia y de crear y modificar pensamientos a partir de otros pensamientos. Facultad de adaptación y aportación al cambio constante e infinito.

Cuatro Fuerzas - las principales fuerzas (o dimensiones) de ©*El Círculo del Ser* y que influyen en todas las decisiones humanas: espiritual, instintiva, emocional y racional.

deseos emocionales (o Detonadores Emocionales) - fuerzas que mueven a un organismo a buscar sentimientos positivos.

deseos espirituales (o Detonadores Espirituales)- fuerzas que mueven a un organismo a proteger la vida en todas sus expresiones y a luchar contra la entropía.

deseos instintivos (o Detonadores Instintivos) - fuerzas que mueven a un organismo a proteger las tendencias de comportamiento adquiridas durante el proceso evolutivo y que han significado una ventaja de supervivencia y reproducción genética.

deseos racionales (o Detonadores Racionales) - fuerzas que mueven a un organismo a encontrar sentido lógico.

Detonadores Emocionales - ver *deseos emocionales*.

Detonadores Espirituales - ver *deseos espirituales*.

Detonadores Instintivos - ver *deseos instintivos*.

Detonadores Racionales - ver *deseos racionales*.

Dimensión Emocional - conjunto de fuerzas y elementos que permiten la existencia de *emociones* en los organismos. Atiende a la parte del *Ser* que se encuentra en una búsqueda constante de sentimientos positivos. Forma un complejo sistema de recompensas diseñado durante miles de millones de años de evolución.

Dimensión Espiritual - conjunto de fuerzas y elementos que permiten la conexión integral del "*Todo*". Atiende a la parte del *Ser* que busca proteger a la vida misma en todas sus expresiones.

Dimensión Instintiva - conjunto de fuerzas y elementos que permiten la existencia de *instintos* en los organismos. Corresponde a la programación genética de los organismos escrita durante miles de millones de años con base en la *selección natural*. Atiende a la parte del *Ser* que busca la supervivencia y reproducción del gen.

Dimensión Racional - conjunto de fuerzas y elementos que permiten la existencia del razonamiento en los organismos con mente. Atiende a la parte del *Ser* que busca encontrar sentido de lo que le rodea y una argumentación lógica.

Disonancia Intrínseca - contradicciones entre las *Cuatro Fuerzas* (*Dimensión Espiritual, Instintiva, Emocional* y *Racional*) con respecto a una decisión.

©*El Árbol del Ser* - modelo que complementa con más detalle ©*El Círculo del Ser* e integra los elementos mente, consciencia, *representaciones, pensamientos lógicos, pensamientos homeostáticos* y *pensamientos creativos*. Representa un mapa evolutivo de la creación del *Ser* y sus jerarquías.

©*El Círculo del Ser* - modelo que ilustra en orden evolutivo las *Cuatro Fuerzas* que influyen en los deseos y las decisiones.

empatía - capacidad de los seres vivos de identificar la conexión de la vida con la vida, así como de experimentar los sentimientos y *representaciones mentales* de otros seres vivientes.

emociones - estados corporales provocados por *estímulos emocionalmente competentes* (EES).

entropía negativa - concepto de Erwin Schrödinger que se refiere a la lucha de las partículas contra el enfriamiento y la expansión perpetua (entropía).

estructura profunda - base completa (consciente e inconsciente) de la mente.

estructura superficial - solo una parte de la *estructura profunda*.

estímulos emocionalmente competentes (EES) - cualquier *estímulo* (fuera o dentro de la mente) suficientemente relevante para provocar una *emoción* en un organismo.

Frecuencia - número de veces que una misma persona es expuesta a una comunicación o campaña.

idea - en el contexto del modelo de ©*El Árbol del Ser*, una *idea* es un conjunto de *pensamientos* que podemos compartir con otras mentes.

información inteligente - todas aquellas *ideas* que nos permiten acercarnos a la "verdad".

leads (o prospectos) - personas que se ponen en contacto y demuestran interés en un producto o servicio.

memoria de trabajo - sector de la *memoria* diseñado para la retención de información a corto plazo.

memoria episódica - sector de la *memoria* diseñado para la retención a largo plazo de información relacionada con episodios experienciales.

memoria semántica - sector de la *memoria* diseñado para la retención a largo plazo de información relevante no relacionada con la experiencia directa.

Meta-modelo - modelo propuesto por Bandler y Grinder diseñado para analizar el lenguaje con el fin de identificar la *estructura superficial* y la *estructura profunda* de una persona. Busca desafiar distorsiones, especificar generalizaciones y recuperar eliminaciones.

meta-valor - valor sobre el valor. Otorgado por las *connotaciones inconscientes*.

Multi-Ser - visión amplia e integral de los

elementos y las fuerzas que conforman el *Ser*. Identifica que no existe nada por sí mismo y que el *Ser* está compuesto por diferentes sistemas y niveles conectados a un *Todo*.

neuronas espejo - clase de neuronas que nos permiten simular estados del cuerpo: *emociones* y *sentimientos*, propios y de otros seres.

pensamientos - paquetes de información retenida y procesada por organismos capaces de crear *representaciones mentales* y ser conscientes de ellas.

pensamientos creativos - *pensamientos* nuevos modelados con previos *pensamientos lógicos* y *pensamientos homeostáticos* (sentimientos). Son conscientes de la consciencia.

pensamientos homeostáticos (sentimientos) - *pensamientos* que permiten la consciencia de los estados corporales representados por las *emociones* propiamente dichas. Una de sus funciones principales es proteger el aprendizaje que ha significado ventajas de supervivencia y que ha sido obtenido tras miles de millones de años de evolución. Regulan el bienestar del organismo.

pensamientos lógicos - *pensamientos* que permiten la consciencia de las *representaciones mentales* modeladas con base en la información recibida por medio de los sentidos.

Posicionamiento - mensaje rector a comunicar en una campaña. Respuesta a la pregunta ¿qué es mi marca? en un esfuerzo de *branding*.

©*Psico-Marketing* - método diseñado por el autor para identificar las fuerzas principales que influyen en la toma de decisiones. Considera las tendencias de comportamiento causadas por 1) la conexión integral del *Ser* con el "*Todo*", 2) los genes, 3) las *emociones* y los *sentimientos* y 4) la razón.

representaciones mentales - imágenes en la mente modeladas con base en la información recibida por medio de los sentidos: visuales, sonidos, olores, sabores, sensaciones.

representación auditiva - *representación mental* que se procesa en forma de sonidos.

representación kinésica - *representación mental* que se procesa en forma de movimientos.

representación visual - *representación mental* que se procesa en forma de imágenes.

resistir y prevalecer - imperativo vital que representa el propósito común de todos los niveles de la vida. Atiende a la lucha desde niveles subatómicos hasta niveles universales para mantener un orden.

sentimientos - véase *pensamientos homeostáticos*.

Ser - todo lo que integra a lo que conocemos como un "ser humano individual" (extensivo a otras especies). Incluidas partículas, campos energéticos o cualquier elemento que no conozcamos o no seamos capaces de identificar por nuestras limitantes y condición humana.

simpatía - conjunto de estados corporales (*emociones*) provocados por la *empatía*.

Todo - lo que conocemos como "existencia" y que se encuentra conectado en tiempo y espacio.

valor de marca - valor cuantificable de un intangible en forma de marca. Se define en función de su nivel de reconocimiento y su *Posicionamiento*.

REFERENCIAS Y BIBLIOGRAFÍA RELACIONADA

Aristóteles. (2016). *Poetica*. CreateSpace Independent Publishing Platform.

Bandler, Richard & Grinder, John. (2007). *La Estructura de la Magia vol. 1 y 2*. Cuatro Vientos.

Belfort, J. (2017). *Way of the Wolf: Straight Line Selling: Master the Art of Persuasion, Influence, and Success*. Gallery Books.

Campbell, Joseph. (2008). *The Hero with a Thousand Faces*. New World Library.

Carroll, Sean. (2019). *Something Deeply Hidden*. Penguin Random House.

Catmull, Ed. (2018). *Creatividad, S.A.* Penguin Random House.

Chávez, J. C. (2019). *Creatividad: el arma más poderosa del Mundo*. Bio-Intelligence & Creativity Institute.

Chomsky, Noam. (2015). *Syntactic Structures*. Martino Publishing.

Clement, Brian R. (2007). *Lifeforce: Superior Health*

and Longevity. The Hippocrates Institute.

Dalai Lama. (2009). *Conócete a ti mismo tal como realmente eres.* México: Debolsillo.

Damasio, Antonio. (2016). *En Busca de Spinoza.* Ediciones Culturales Paidós.

Damasio, Antonio. (2018). *The Strange Order of Things: Life, Feelings, and the Making of Cultures.* Editorial Planeta.

Damasio, Antonio. (2019). *El Error de Descartes.* Ediciones Culturales Paidós.

Dawkins, Richard. (2016, ed. 40° aniversario). *The Selfish Gene.* Oxford Landmark Science.

Dougherty, M. J. (2019). *Norse Myths: Viking Legends of Heroes and Gods.* Amber Books.

Easwaran, Eknath. (2007). *The Bhagavad Gita.* Blue Mountain Center of Meditation.

Easwaran, Eknath. (2007). *The Dhammapada.* Blue Mountain Center of Meditation.

Easwaran, Eknath. (2007). *The Upanishads.* Blue Mountain Center of Meditation.

Freud, Sigmund. (2017). *La hipnosis: Textos (1886-1893).* Editorial Ariel.

Gribbin, John. (1984). *In Search of Schrödinger´s Cat: Quantum Physics and Reality.* Bantam Books.

Hamilton, W. D. (1964). The genetical evolution of social behaviour. I & II. *Journal of Theoretical Biology*, 7(1), 1-16. https://doi.org/10.1016/0022-5193(64)90038-4

Hawking, Stephen W. (2017). *Historia del Tiempo: Del Big Bang a los Agujeros Negros.* Alianza Editorial.

Homero. (2013). *La Odisea.* Penguin Random House.

Homero. (2018). *La Ilíada.* Wentworth Press.

Janaway, C. (2002). *Schopenhauer: A Very Short Introduction.* Oxford University Press.

Klaff, O. (2019). *Flip the Script: Getting People to Think Your Idea is Their Idea.* Piatkus.

Lindley, David. (2008). *Uncertainty: Einstein, Heisenberg, Bohr, and the Struggle for the Soul of Science.* First Anchor Books Edition.

Magee, B. (2016). *The Story of Philosophy: A Concise Introduction to the World's Greatest Thinkers and Their Ideas.* Inglaterra: DK.

Mitchell, Stephen A. & Black, Margaret J. (2016). *Freud and Beyond: A History of Modern Psychoanalytic Thought.* Basic Books.

Mukherjee, Siddhartha. (2016). *The Gene: An Intimate Story.* Scribner.

Noah Harari, Yuval. (2015). *Sapiens: A Brief History of Humankind.* Harper.

Noah Harari, Yuval. (2017). *Homo Deus: A Brief History of Tomorrow.* Harper.

Noah Harari, Yuval. (2018). *21 Lessons for the 21st Century.* Random House.

Padmasambhava. (2006). *The Tibetan Book of the Dead.* Revicare beauty.

Polanyi, Karl. (2001). *The Great Transformation: The Political and Economic Origins of Our Time.* Beacon Press.

Porges, S. W. (2011). *The Polyvagal Theory: Neurophysiological foundations of emotions, attachment, communication, and self-regulation.* W. W. Norton & Company.

Ridley, Matt. (2006). *Genome.* Harper Perennial.
Sacks, Oliver. (2009). Musicofilia. Anagrama.

Schacter, Daniel L. (2002). *Los siete pecados de la memoria.* Houghton Mifflin.

Schrödinger, Erwin. (2019). *What is Life?* Cambridge University Press.

Schopenhauer, Arthur. (2012). *The World as Will and Representation, Vol. 1, Primer Libro.* Dover Publications.

Schopenhauer, Arthur. (2012). *The World as Will*

and Representation, Vol. 1, Segundo Libro. Dover Publications.

Schopenhauer, Arthur. (2012). *The World as Will and Representation, Vol. 1, Tercer Libro.* Dover Publications.

Sinek, S. (2009). *Start with Why: How Great Leaders Inspire Everyone to Take Action.* Estados Unidos: Portfolio.

Smith, D. (2018). *The Little Book of Big Ideas: 150 Concepts and Breakthroughs that Transformed History.* Michael O'Mara.

BIBLIOGRAFÍA CON NOTAS DEL AUTOR

En esta sección, además de citar los libros que podrían proporcionar al lector una guía para comprender mejor la creación del modelo ©Psico-Marketing, también incluyo un comentario muy personal sobre algunas de las ideas que considero más poderosas y relevantes de cada fuente.

Easwaran, Eknath. (2007). *The Bhagavad Gita.* **Blue Mountain Center of Meditation.**

Comentario: Es uno de los libros más interesantes, sabios y claros que podrías leer en tu vida. Resalto el súper poderoso concepto de las "gunas", una clasificación de 3 tipos de "energía" que pueden afectar todo lo que hacemos y pensamos. La primera: Sattvic, es la más pura y conlleva sabiduría, paciencia y empatía. La segunda: Rajasic, implica confusión, hedonismo, impulsividad y egoísmo. La tercera: Tamasic, es la más obscura, se caracteriza por su ignorancia, falta de visión y miedo. ¿Y a ti cuál es la fuerza que más te mueve?

Schopenhauer, Arthur. (2012). *The World as Will*

and Representation, Vol. 1, Primer Libro. **Dover Publications.**

Comentario: Uno de sus méritos es mostrar la evidencia racional de los elementos que conforman a la "fuerza" que mueve al Mundo, a sus seres y a todos nosotros. Y que para conquistarla es imperativo identificarla y "ver fuera de ella". Un genio que comprendía claramente lo elemental: todo es uno y uno es todo. Y que hizo el esfuerzo de comprender cómo pensamos, lo que vemos y lo que experimentamos. Si bien este libro fue publicado desde 1818, el ser humano está aún muy lejos de entender que para encontrar respuestas transcendentales debe ver más allá del espejismo del ego y lo aparente. Desafortunadamente, en tanto el objetivo principal de la humanidad siga siendo el hedonismo (máximo placer inmediato con el mínimo esfuerzo) entonces seguirá siendo esclava de su propia mente.

Schopenhauer, Arthur. (2012). *The World as Will and Representation, Vol. 1, Segundo Libro.* **Dover Publications.**

Comentario: Este Segundo libro del mismo título reconoce magistralmente que nada existe por "sí mismo" y que todo está conectado a un "Todo" que Schopenhauer llama "Wille" o "Voluntad" que se materializa no solo en el mundo físico, sino también en el de la razón. ¿Cómo entonces podemos dar un vistazo a ese *"Todo"* del que somos parte? Pues viendo fuera de tu ego y de tu burbuja de ilusión individual. Concepto que por cierto es muy útil a la hora de querer ser creativo, pero que también te abre las puertas a un mundo de empatía y descubrimiento inmenso.

Schopenhauer, Arthur. (2012). *The World as Will and Representation, Vol. 1, Tercer Libro.* Dover Publications.

Comentario: En el Tercer Libro del mismo título, el autor representa un acercamiento literalmente metafísico al arte: esa conexión profunda del hombre con el mundo de las ideas (arte) que trasciende al cambio constante de la "realidad" aparente y por tanto adquiere una belleza intrínseca sin límites. En otras palabras, el arte nos muestra y nos conecta a la "realidad" más allá del tiempo y del espacio.

Padmasambhava. (2006). *The Tibetan Book of the Dead.* Revicare beauty.

Comentario: Hay tanto que podemos aprender de la ideología oriental antigua que es imposible hacer un resumen que esté a la altura, pero les comparto algunos puntos que me parecen hiperinteresantes: Es posible "entrenar" el momento de la muerte a través del dominio de la mente en los estados de sueño profundo. Nada existe por sí mismo.

"*Todo*" es un flux que cambia constantemente y no tiene forma. La radiación de energía, la consciencia y el "vacío" son inseparables y están siempre presentes. Nuestra mente crea ilusiones para tratar de comprender lo que nos rodea, hay que saber ver más allá de ellas. Todo lo que haces y piensas tiene un efecto directo en tu vida y tu "yo". Identifica 6 estados de consciencia: vivir o la existencia natural, el estado de los sueños, el estado de meditación, el estado del momento de la muerte, el estado de la realidad (entre la vida y la muerte) y el estado del renacimiento. Aunque la consciencia carece de materia física y está "vacía", existe y es fuente de energía, la cual podemos percibir e identificar como parte del todo. Es muy dañino para tu vida y tu espíritu: el desconcierto, el autoengaño, la aversión u odio, el orgullo, el apego, la envidia, la avaricia y el odio.

Campbell, Joseph. (2008). *The Hero with a Thousand Faces*. New World Library.

Comentario: El mito como una sola misma historia con diferentes "personajes" en todas las narrativas más importantes del hombre. Mismas que reflejan la esencia de la psique o mente humana. Sin duda uno de los libros más interesantes que se han escrito y que te ayudará a comprenderte a ti y al mundo en que vivimos mucho mejor.

Dawkins, Richard. (2016, ed. 40° aniversario).

The Selfish Gene. **Oxford Landmark Science.**

Comentario: Un clásico con una idea muy poderosa que tiene implicaciones cósmicas: todas las manifestaciones de vida que conocemos en el planeta Tierra obedecen a un proceso de selección natural del "replicador" fundamental llamado comúnmente "el gen". Y precisamente esos genes son los que programan, no solo cada detalle de nuestro cuerpo físico sino también de las fuerzas que mueven nuestras "decisiones". En otras palabras, la evolución atiende a la supervivencia y replicación del gen y no a la conservación de la especie como nos enseñan en la escuela. Y en términos filosóficos nos lleva a preguntarnos si realmente somos "libres" o bien cada decisión que tomamos se encuentra fuertemente influenciada por nuestra programación genética.

Mitchell, Stephen A. & Black, Margaret J. (2016). *Freud and Beyond: A History of Modern Psychoanalytic Thought.* **Basic Books.**

Comentario: Una recopilación de las líneas de pensamiento post-freudianas. Conclusiones poderosas: el inconsciente existe y es la fuerza que más nos mueve, se teje no solo con eventos de la infancia sino de toda la vida, con nuestros impulsos instintivos, relaciones interpersonales y con objetos físicos y de pensamiento a los cuales dotamos de diferentes significados, así como con nuestra búsqueda de sentido.

Bandler, Richard & Grinder, John. (2007). *La Estructura de la Magia vol. 1 y 2.* **Cuatro Vientos.**

Comentario: ¿Quieres entender cómo descubrir los secretos más profundos de la mente humana? *The Structure of Magic* es un pilar de la programación neurolingüística que te dará la llave para hacer magia con "solo" palabras. Una de sus grandes aportaciones: estructurar el proceso y diferenciación de la realidad, cómo la entendemos en nuestra mente y cómo la decimos o comunicamos.

Porges, S. W. (2011). The Polyvagal Theory: Neurophysiological foundations of emotions, attachment, communication, and self-regulation. W. W. Norton & Company.

Comentario: ¿Por qué es tan importante la Teoría Polivagal? Para entender, desde un punto de vista fisiológico que mente, corazón, vísceras, pulmones y expresión facial están todos conectados y regulados por el mismo nervio cerebral: el vago. ¿Y de qué nos sirve? Para comprender que no existe salud física y mental sin un estado de bienestar integral que nos haga sentir seguros. Cuando nos liberamos de miedos y condiciones externas que nos ponen en estado de alerta, es entonces cuando descubrimos nuestro ser más compasivo, social, feliz y creativo. Todo está conectado, no puedes acabar con un problema atacando solo un síntoma aislado (como lo hace la medicina moderna). O en otras palabras, para cualquiera que sea tu problema u objetivo de salud, debes cuidar todo lo que te conforma: todo tu físico (cómo lo ejercitas y lo que comes), tu mente (cómo la ejercitas y la información con la que te alimentas), tu espíritu (con tu relación con "el Todo" del que eres parte). Una vez que haces las paces con todos estos niveles (con esfuerzo y trabajo día a día), entonces podrás sentirte seguro, libre de miedos y conquistar tu vida.

Freud, Sigmund. (2017). *La hipnosis: Textos (1886-1893).* **Editorial Ariel.**

Comentario: Este trabajo no tan conocido de Freud, con el cual descubrió que hay episodios de la vida bloqueados por el consciente pero recordados por el inconsciente a detalle. Lo más interesante, y que sentó las bases del psicoanálisis, es que también se dio cuenta que al hacer recordar estos "traumas" con la hipnosis, entonces desaparecen los efectos psicosomáticos o trastornos derivados (como tics, por ejemplo) causados por eventos reprimidos. Un libro fascinante para comprender mejor la psique humana.

Aristóteles. (2016). *Poetica.* **CreateSpace Independent Publishing Platform.**

Comentario: Este libro contiene las bases fundamentales para crear narrativas que conectan y por lo tanto resulta de suma utilidad a las personas interesadas en contar historias, vender, hacer Marketing, guiones, relaciones públicas, comprender mejor la psique humana, etc.

Noah Harari, Yuval. (2015). *Sapiens: A Brief History of Humankind.* **Harper.**

Comentario: Gran resumen de la historia del ser humano. Una de sus conclusiones más interesantes es el hecho de que al día de hoy el ser humano es más poderoso que nunca; sin embargo no sabe qué hacer con ese poder y lo usa para buscar el placer inmediato a costa de los animales y el Planeta. Pero el rumbo aún puede cambiar con más empatía e información inteligente.

Noah Harari, Yuval. (2017). *Homo Deus: A Brief History of Tomorrow.* **Harper.**

Comentario: Una visión muy sugerente sobre el pasado, presente y futuro del Hombre. Uno de sus puntos más interesantes es el análisis del cambio de los principales paradigmas sociales a través del tiempo. Por ejemplo, los babilonios creían que las respuestas importantes podían encontrarlas en las estrellas, después las religiones escritas establecieron que la respuesta no las tenían las estrellas sino Dios y sus escrituras, después los humanistas propusieron que Dios es parte de la imaginación del hombre y que las respuestas realmente las encontraremos dentro de nosotros mismos. Y ahora viene el Dataísmo que nos dice que las respuestas las tendrán algoritmos hiperinteligentes, superiores a los seres humanos, capaces de almacenar e interpretar cantidades de datos nunca antes vistos y que ese será el fin del humanismo liberal.

Noah Harari, Yuval. (2018). *21 Lessons for the 21st Century.* **Random House.**

Comentario: Como todos los de Harari, es un gran libro que te invita a la reflexión en cada párrafo. Conclusión: abre los ojos, no creas ciegamente en todas las historias que te cuentan, entre otras, las religiones, los sistemas políticos y económicos, los prejuicios sociales, etc. En cambio, piensa por ti mismo, ten criterio y usa la meditación como un arma con el fin de controlar tu mente y entender la realidad que te rodea.

Hawking, Stephen W. (2017). *Historia del Tiempo: Del Big Bang a los Agujeros Negros.* **Alianza Editorial.**

Comentario: ¿Sabías que si viajas muy rápido, viajas al futuro? ¿Que si ves el cielo estrellado puedes ver al pasado hasta el inicio del universo? ¿O que en el espacio no existen «espacios» vacíos sino áreas llenas de «antimateria»? ¿No me crees?

Lee el libro.

Janaway, C. (2002). *Schopenhauer: A Very Short Introduction.* **Oxford University Press.**

Comentario: Schopenhauer fue un filósofo adelantado a su época, un explorador de las dimensiones que se encuentran entre el mundo que vemos o "de la representación" y el mundo del "inconsciente". En resumen, este libro te hará cuestionar la razón por la cual tu "felicidad" depende de desear algo constantemente y qué "fuerza" es la que te mueve a ello. ¿Será que hay un mundo más allá de tus deseos personales inmediatos? Parece que sí.

Dougherty, M. J. (2019). *Norse Myths: Viking Legends of Heroes and Gods.* **Amber Books.**

Comentario: Un compilado sobre la información disponible que gira alrededor de los mitos y leyendas nórdicos. Un legado mucho más profundo del que pensamos comúnmente, por ejemplo, la mayoría de los días de la semana en inglés fueron nombrados en honor a dioses nórdicos: "Wednesday" - Wotan, Odin / "Friday"- Freya / "Thursday"- Tyr. Una de las ideas poderosas de su legado: más importante que los bienes materiales o las experiencias que pueda acumular un ser humano, es su legado a la humanidad del futuro. Todo mi respeto al legado de Odin, Tyr, Freya, Loki, Fenrir y muchos más.

Catmull, Ed. (2018). *Creatividad, S.A.* **Penguin Random House.**

Comentario: Buscar o caer en la "comodidad" de la rutina es peligroso. En contraste, aceptar el cambio, proteger el futuro y no el pasado, y buscar lo nuevo, aunque es un gran reto sin final, es un estilo de vida que te traerá satisfacciones extraordinarias. Vale mucho la pena leerlo para escuchar de primera mano la gran aventura sobre la creación de Pixar, con personajes como Steve Jobs y George Lucas y contada por Ed Catmull.

Homero. (2013). *La Odisea.* **Penguin Random House.**

Comentario: La épica que derrama humanidad en todas sus páginas, entenderla es descubrir el espíritu del ser humano desde lo más profundo. El regreso de Odiseo a su tierra Ítaca después de conquistar Troya, para reunirse con su amor Penélope y reconciliarse con su padre (su ego). No sin antes superar las pruebas míticas enfrentando cíclopes, sirenas, ejércitos y al mismísimo inframundo.

Homero. (2018). *La Ilíada.* **Wentworth Press.**

Comentario: La historia con la que comenzó el mundo como lo conocemos. Un clásico indispensable para comprender los miedos y los deseos de la civilización humana contemporánea. Y al final, parece que los dioses y el destino tienen la última palabra, ¿será?

Dalai Lama. (2009). *Conócete a ti mismo tal como realmente eres.* **México: Debolsillo.**

Comentario: Cuando entiendes que nada es como parece, te darás cuenta que esos sentimientos negativos ya no tienen sentido ni fundamento; y entonces tendrás una conciencia mucho más plena. Gran libro para comenzar a entender los principios budistas más a fondo.

Magee, B. (2016). *The Story of Philosophy: A Concise Introduction to the World's Greatest Thinkers and Their Ideas.* **Inglaterra: DK.**

Comentario: Muy buen resumen de la historia del pensamiento humano, sin duda un tema que a todo ser humano le debería interesar. Haciendo un ejercicio crítico, vale la pena decir que cuando ves todas estas escuelas ideológicas juntas, te das cuenta de lo poco que sabemos y de que no hay una "verdad absoluta". Sin embargo, en el camino hacia "la verdad" todo lo que aprendes es directamente útil. Lo realmente importante a nivel individual y social es siempre estar en búsqueda de conocimiento y adaptarlo a este mundo infinitamente cambiante con inteligencia y empatía.

Polanyi, Karl. (2001). *The Great Transformation: The Political and Economic Origins of Our Time.* **Beacon Press.**

Comentario: Un clásico de la Economía. Moraleja: No perder de vista los peligros de hacer de las personas un producto e ignorar la dimensión social en un sistema económico. ¿Los riesgos? Aniquilación de los recursos, conflictos violentos, dominio de lo material sobre el bienestar o "felicidad" del hombre, auto-destrucción, etc. ¿Te suena?

Sinek, S. (2009). Start with Why: How Great Leaders Inspire Everyone to Take Action. Estados Unidos: Portfolio.

Comentario: Ameno y bueno para entender porqué vender a las emociones, así cómo tener un objetivo claro siempre es mucho más eficiente.

Belfort, J. (2017). *Way of the Wolf: Straight Line Selling: Master the Art of Persuasion, Influence, and Success.* **Gallery Books.**

Comentario: Creo que lo más interesante de este libro del "Lobo de Wallstreet", es que es un ejemplo muy claro del poder de la energía detrás del lenguaje, ya sea hablado o escrito. Si bien habla de la importancia del tono y el lenguaje corporal para comunicar algo, le ha faltado hacer consciente su arma secreta: la energía que mueve al autor y lo hace decir todo con tanta seguridad que le podrías creer o "comprar" cualquier cosa. Leerlo bajo esa óptica, sin duda resulta interesante.

Smith, D. (2018). *The Little Book of Big Ideas: 150 Concepts and Breakthroughs that Transformed History.* **Michael O'Mara.**

Comentario: Una de las ideas que me gustó mucho es la del "Futurismo". Un movimiento de principios del siglo XX que propone ver solo hacia adelante, ya que es lo único que podemos cambiar. En otras palabras: un futuro creativo sin cadenas del pasado. Irónicamente el movimiento fue olvidado. Un resumen útil para ver en perspectiva ideas poderosas que han trascendido en el tiempo.

Klaff, O. (2019). *Flip the Script: Getting People to Think Your Idea is Their Idea.* **Piatkus.**

Comentario: Historias entretenidas de negociación con grandes jugadores y un modelo de "introducción" o "sembrado" de ideas.

BIOGRAFÍA

Escritor y Profesor de Creatividad y Etología Económica.

Graduado en Comunicación, Maestría en Negocios y Doctorando en Psicología. También, padre de dos hijos, defensor de los derechos de los animales y músico. Ha publicado 5 libros en 2 idiomas y decenas de artículos. Es asesor de empresas nacionales e internacionales, imparte programas académicos a nivel post-universitario y conferencias para diferentes industrias.

Autor del libro Homo Creativus - 33 pensamientos para salvar tu Vida, una colección de ideas biológicas, científicas y filosóficas vitales para la evolución y bienestar a nivel individual y colectivo en el presente y futuro.

Co-autor del libro © Biointeligencia Estratégica (2023), un texto estructurado para comprender la biología del comportamiento humano como un factor fundamental para la dirección de empresas, la investigación económica y el desarrollo humano.

Autor del libro © Inteligencia Creativa (2022), un detallado modelo que sistematiza una perspectiva integral sobre la facultad creativa y el concepto de libertad con una base epistemológica enfocada en la causalidad mecánica. Su objetivo de investigación es dilucidar la ontología, teleología y etiología de la facultad creativa. O, en otras palabras, el origen, propósito y esencia de la creatividad. Para ello, considera la información de disciplinas como la Etología, Genética, Psicología, Neurobiología, Filosofía y Física.

Autor del libro Multi-Ser: En Busca de Sentido (2021), una teoría mecánica donde propone que los seres vivientes están formados por distintas capas superpuestas —diferenciadas por su etiología (origen) y teleología (propósito)— que influyen en los comportamientos sincrónicamente. En este libro, aborda de manera profunda la cuestión de ¿por qué deseamos?, enfocado en el bienestar humano con bases científicas y filosóficas sólidas.

Creador del modelo © Psico-Marketing y autor del libro homónimo (2020). Diseñado para identificar, con base en la biología del comportamiento humano, fuerzas conscientes e inconscientes que afectan las acciones y toma de decisiones en un contexto económico.

Autor del libro Creatividad: el arma más poderosa del Mundo (2019). Un texto libre y breve que explora qué es la creatividad, cómo la hemos utilizado a lo largo de la humanidad y cómo podemos desarrollarla a nivel individual.

www.ingramcontent.com/pod-product-compliance
Lightning Source LLC
Chambersburg PA
CBHW052346220526
45465CB00003BA/983